不動産屋の儲けの出し方

絶対に
知られたくない!

斎藤智明 Tomoaki Saito

ぱる出版

まえがき

多くの方にとって不動産を売ったり買ったりすることは、人生においてそんなに数多く行うことではないと思います。

経験がないことは「恐怖」や「不安」を産みだします。

また頻繁に報道などで目にするような不動産がらみの詐欺や不正問題の数々。

不動産業界に身を置く人間も、日々の業務において詐欺の被害者として巻き込まれる可能性も全くゼロとは言い切れない状況にあります。

私自身も若いころに、詐欺とまでは言えませんが、他の不動産屋に手玉に取られ大変に苦い経験をしており、その経験をした後はとても慎重に仕事をするようになりました。

ましてや不動産の取引に慣れない一般の消費者の方々においては尚更のこと「心配の種」は尽きないと思います。

それにともない多くの不動産屋が、お客様のためにと真面目に仕事をしているにもかかわらず、お客様からの「信用」を得ることにかなりの「時間」と「労力」が必要になってきているとと感じます。

経験のないことは「恐怖」や「不安」を産みだすと申しましたが、不動産取引においては「名の知れた不動産屋」「地元密着で商売をしている不動産屋」「信用できる人から紹介された不動産屋」等を選択して、その「恐怖」や「不安」を払しょくしていることが多いようです。

それでもなお「セカンドオピニオン」としてその取引が適正なのかと他の不動産屋に確認される方もいるほどです。

このような状態が続いていたのでは、お客様と不動産屋の「利益を確保」することに相当な労力がかかるため「経済効率」が悪いと感じることが多々あります。

このような状態にある不動産業界が変わるためには何が必要なのでしょうか。

お客様自身にも不動産の知識（リテラシー）をつけていただければ、ご自身を守ることはもちろん、適正な不動産のパートナー（不動産屋）を選ぶことができる「目」が養えるのではないかと考えております。

そのために不動産取引において行われる「悪い習慣」や「手口」を皆様に知っていただくことが必要なのではないかと考えました。

この「悪い習慣」や「手口」を知ることで、かえって皆様の不安と恐怖を煽るのではないかとの考えもあることは承知しています。

しかしながら、ほとんどのケースが情報を取得しようとすればわかる範囲のものです。

あとはそのことを調べていく「手間を惜しまないこと」だと思います。

この本が皆様にとっての手間を省き、結果として満足のいく取引ができることでお役に立てるのではないかと思っています。

２０１８年12月

斎藤智明

絶対に知られたくない！
不動産屋の儲けの出し方

もくじ

まえがき　2
1 儲けの源「仲介手数料」の決まり方　14
◎「片手」「両手」「あんこ」ってなに?
2「囲い込み」という悪習慣　19
◎収益を倍にするために他社からの問い合わせに応じない悪質な不動産屋
3 さらに悪質!「囲い込み2回」の強者たち　24
◎安価で買取不動産屋に仲介して、さらにそこから転売時にも仲介する不動産屋
4 仲介手数料「半分にします!」の常識?　26
◎実は当たり前のことを声高にしているだけの不動産屋
5 仲介手数料「無料」に隠された巧妙なしくみ　30
◎タダでも結局は儲かる不動産屋のからくり
6「お客様想い」の営業マンが一握りしかいない理由　35
◎馴染みの不動産屋だからといって気を許してはいけない内部事情
7「あなたの不動産に購入希望者がいます!」は本当?　39

◎実際に問い合わせると条件が合いませんといって逃げの口上の場合も！
8 「あなたの不動産の価格査定をします！」の真意とは？ 43
◎とにかく一度依頼を受けてしまえば不動産屋の術中にはまってしまうことがある
9 価格査定は高く出すだけが能ではない⁉ 46
◎相続や離婚の際には評価を低く出すことで依頼者の心をつかみにくる
10 原野商法で土地を買った人は二度騙される！ 49
◎バブル期の購入者は「高齢・富裕層」が多いので詐欺のターゲットになりやすい
11 バブル期に売られたリゾートマンションが10万円⁉ 54
◎売ることができなければ「資産」ではなく「負債」となる
12 不動産屋も恐れる「大島てる」って誰？ 59
◎事故物件の情報をインターネットに公開しているが削除依頼には一切応じない
13 事故物件の告知しない方法のからくり 63
◎殺人・自殺・孤独死で告知しなくてもよくする手段があるの？
14 昨今、大問題になっているサブリース契約のからくり 69
◎「30年間長期保証」の宣伝文句に巧妙に隠された手口
15 サブリース会社に家賃を持ち逃げされるオーナーたち 74
◎家賃の持ち逃げをする不動産屋とそのあとに残されるオーナーの末路

16 素人が知らない「縄伸び」でニンマリしている不動産屋 77
◎測量をしてみたら登記簿よりも土地が広いケースもよくある話
17 競売後の不動産に居座る「占有屋」って今もいる？ 82
◎競売を妨害する怖い不動産屋も跋扈する世界だった
18 怖い不動産屋の代名詞「地上げ屋」の仕事って？ 86
◎印象は良くないが、実は地上げ屋こそ街の再生を図る請負人
19 不動産屋も恐れる「地面師」ってどんな人達？ 92
◎大手不動産屋でも騙される地面師の手口とは？
20 結婚適齢期の女性を狙うデート商法の実態 98
◎「売れないならデートしてでも売買契約とってこい！」の怖い世界
21 営業マンがしている結婚指輪は本物か？ 103
◎購入者の心理をうまくついたテクニックのひとつ
22 「おとり広告」からお金に変える錬金術の実態 106
◎嘘までついて悪徳不動産屋は結局どうしたいのか？
23 投資用不動産の物件は「見せずに売る」のが常識？ 110
◎買って初めて物件に入ってみると目の高さに高速道路があった！
24 資金がないのに「不動産買取ります」という意図は？ 114

25 「共有物件を買い取ります」という不動産屋の下心 119
◎他人の資金で不動産取引をする不動産屋（第三者のための特約付き契約）
◎「夫婦」「兄弟」でひとつの物件を持っている場合のトラブル
26 サラリーマンの不安に付け込む心理戦 123
◎老後破綻、年金問題、税金対策で煽りまくる不動産投資セミナー
27 本当に怖いのは知ったかぶりの不動産屋 128
◎相続・競売・税金などの中途半端な知識でお客様に損失を与えることも
28 良い不動産屋の見分け方 3つのポイント 131
◎「経験値のある人」「正しく背中を押してくれる人」「マメに連絡してくれる人」
29 不動産投資を成功させるための絶対条件 142
◎掘り出し物の物件情報があなたのところへ届かない理由
30 「結局、不動産投資に失敗した」人たちの事情 148
◎マイナス金利で投資ブーム再来、その裏に失敗投資家の大きな負債
31 「不正融資」が横行する不動産投資が頻発 152
◎「地方から上京してくる女子を救え！」の大義名分の裏にある偽造の実態
32 S社が辿ったプロセスと真相は？ 154
◎サブリース契約は本当にメリットが大きい？ その実状は自転車操業？

33 「相場観」は自力で養わないと実にならない 158
◎シェアハウスと呼ばれるものの現状や市場調査していたら投資していたか
34 「お家賃と同等の金額で買えます！」の是非 163
◎「賃貸」と「購入」どちらが得かの論争の正解はどこにあるのか？
35 「相続時精算課税制度」は節税対策にならない！ 169
◎贈与税がかからず得かと思えば、結局は相続税としてきっちり取られる
36 融資ローンの承認は免罪符にならない 171
◎不動産屋は住宅ローンのプロではないので、焦げつく人も出てくる
37 民泊投資・太陽ソーラーの可能性は？ 174
◎法律が未整備なのでルールを変更されたら投資資金が回収できないことも
38 タワーマンションを買うとなぜ節税になるのか 178
◎「高層階」と「低層階」の市場価格と評価額の違いを狙った節税手法
39 日本の不動産透明度ランキングは高い？ 181
◎売主と買主の双方から依頼を受けるのは世界からみると非常識か
40 高く売れるからと「競争入札」にしたい意図 187
◎正月の福袋的な売り方では安くなってしまうことも少なくない
41 公平なはずの入札でも「不正行為」をする不動産屋 190

◎「ラストルック」というカンニングのような悪習慣が未だに残っている
42 「競売」で素人が太刀打ちできない理由 192
◎不動産屋でも失敗することもある競売で素人が勝てるわけがない
43 「申込金」が返ってこないトラブルの真相 194
◎「申込金」と「手付金」を同じように考えていると落し穴にはまる
44 地方の実家の空き家は今すぐ手離すべきか 198
◎地方の不動産は資産どころか、もはや「負動産」になる可能性も大いにある
45 なぜ都市部では中古が高く売れるのか 202
◎オリンピックが中古マンションを高騰させる要因になった理由
あとがき 204

カバーデザイン▼EBranch 冨澤 崇
本文レイアウト▼Bird's Eye
編集協力▼福井壽久里

絶対に知られたくない！

不動産屋の儲けの出し方

お客様が知ってはならない

「裏のカラクリ」

01

儲けの源「仲介手数料」の決まり方

◉「片手」「両手」「あんこ」ってなに？

売買であれば売主と買主の間、賃貸であれば貸主と借主の間に入り調整を行い不動産屋はその契約が成立して初めて仲介手数料を得られます。

仲介型の不動産屋はこれをメインの収益としているのです。

売買物件の取り扱い時には売主・買主、賃貸物件の取り扱い時には貸主・借主どちらか片方から仲介手数料をもらう場合を「片手」、双方からもらう場合を「両手」と不動産業界では呼んでいます。

例えば、

①家を売りたい売主甲が家の売却を不動産屋Aに依頼します。
②家を買いたい買主乙が家の購入を不動産屋Bに依頼します。
③不動産屋Aから流していた売却の情報を不動産屋Bが見つけ、買主乙に紹介したところ、乙が購入することになりました。
④売主甲と買主乙を不動産屋Aと不動産屋Bが引き合わせ、無事売買の契約が成立。

このケースで「元付」の不動産屋Aの立場に立ってみましょう。

この場合、不動産屋Aがもらえる手数料は売主甲からのみで「片手」となります。買主乙からの手数料は不動産屋Bがもらうからです（17ページの図の①を参照）。

すると、もし不動産屋Aが「自社のネットワーク」や「自社の広告営業（例：スーモ等）」により、自ら買主を探してくることができたら買主からも手数料がもらえることになることがおわかりでしょう。

このように仲介手数料を売主と買主双方から受けることを「両手」取引と呼びます（図の②を参照）。

収益が2倍になるわけですから、不動産屋が「両手」になる取引を好む傾向にあるのも頷けることかと思います。

「両手」取引は不動産屋の理想的な収益構造なのです。

反面に「両手」取引をしようとこだわりすぎるあまりに、不動産業界にはびこる悪しき習慣もつきまといます。これについては後述したいと思います。

このような「片手」「両手」と呼ばれる他に「あんこ」と呼ばれる状況になることもあります（図の③を参照）。これは売主甲についた不動産屋Aと買主乙についた不動産屋Bの間に、もう一社の不動産屋Cが介入している状態です。

このケースでは仲介している不動産屋は合計3社になります。取引に介在する不動産屋が何社入ったとしても「売主甲と買主乙の支払う手数料は変わらない」ため、仲介している不動産屋が3社のこの場合は、売主甲、買主乙の双方からもらう手数料を合わせて3社で割ることになってしまいます。

このように仲介する不動産屋が「元付」「客付」以外に間に入ることを「あんこ」と言い、扱う不動産（例えば大型の商業ビル等）によっては3社に限らず、間に何社も入ることも珍しくありません。

当然、関わった不動産屋で仲介手数料を分けるわけですからその数が増えれば一社がもらえる手数料は減ることになります。おまけに、仲介する不動産屋の数が多ければ多いほど、話がややこしくなり手間は増える一方ですので、「あんこ」は不動産屋にとって好ましい状態でないのです。

「あんこ」と呼ばれる状態が多く存在していたのは、インターネットが発達する前で、このときの物件情報のやり取りは主には電話やFAXを中心に行われていました。

レインズに載せるのは「さらし物件」（不動産屋なら誰でも手に入る情報のこと）などと言われ、不動産屋はあまりレインズに載せることを好まなかったのです。

やはり買主からすると「耳もと」で「こっそり」と「掘り出し物ですよ」と言われたほ

①
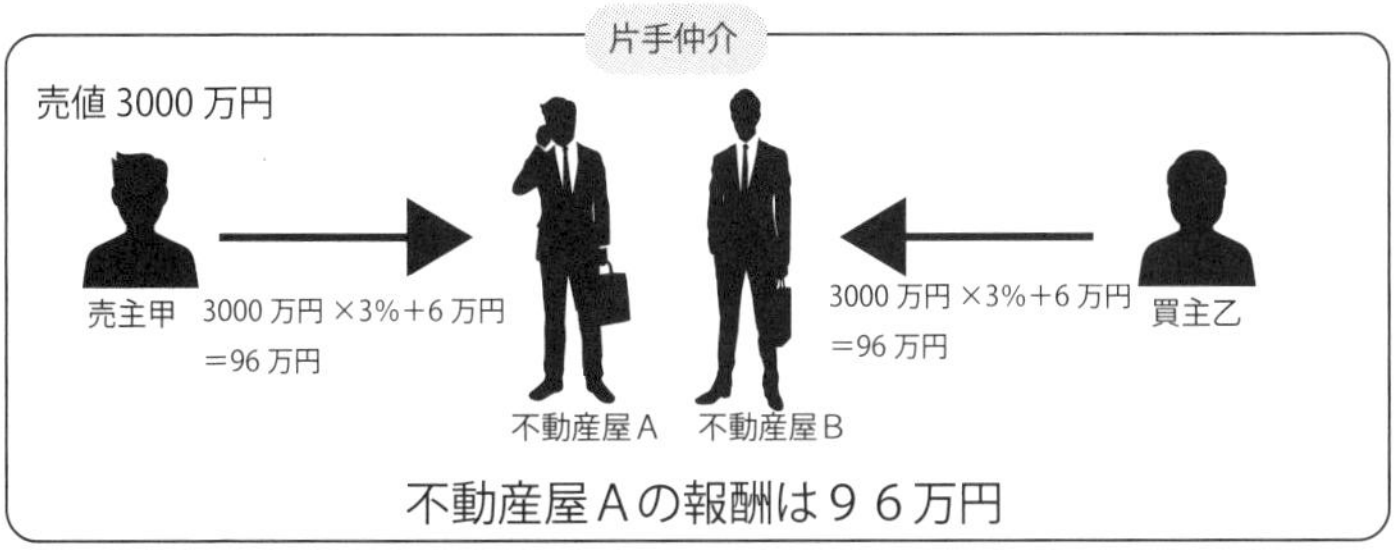
片手仲介
売値 3000 万円
売主甲
3000 万円 ×3%+6 万円
=96 万円
不動産屋 A
不動産屋 B
3000 万円 ×3%+6 万円
=96 万円
買主乙
不動産屋Ａの報酬は９６万円

②
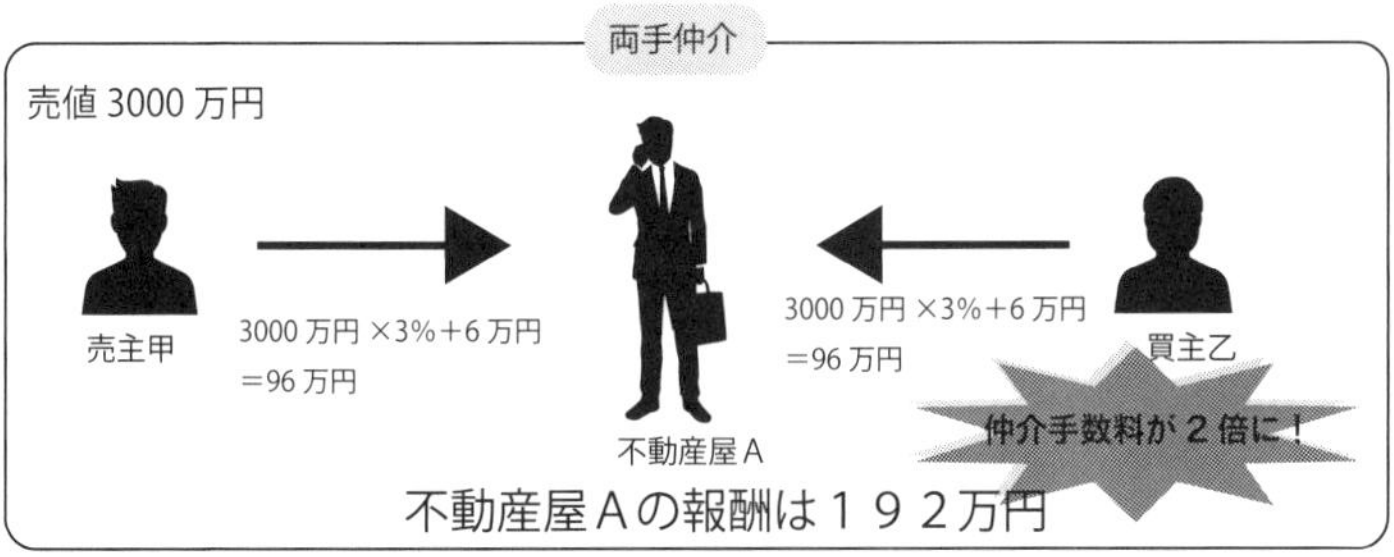
両手仲介
売値 3000 万円
売主甲
3000 万円 ×3%+6 万円
=96 万円
不動産屋 A
3000 万円 ×3%+6 万円
=96 万円
買主乙
仲介手数料が２倍に！
不動産屋Ａの報酬は１９２万円

③
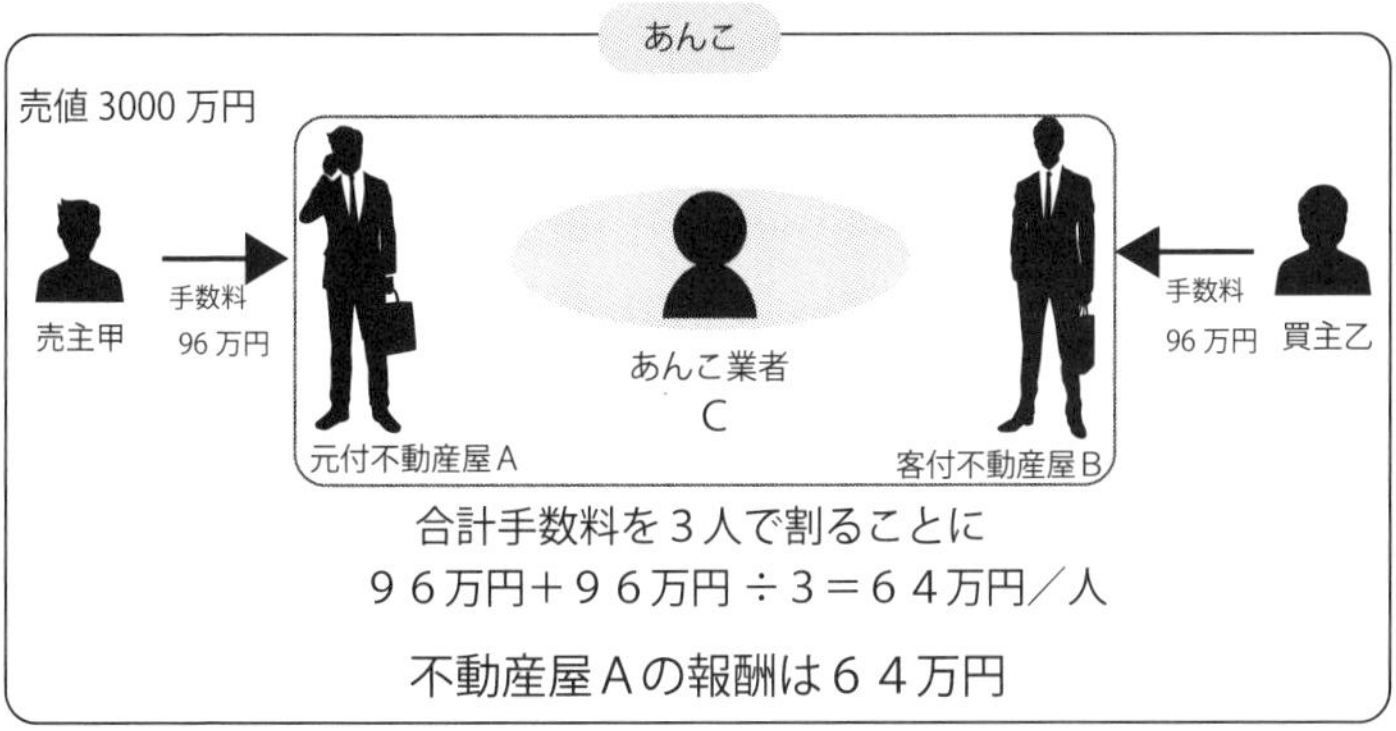
あんこ
売値 3000 万円
売主甲
手数料
96 万円
元付不動産屋 A
あんこ業者
C
客付不動産屋 B
手数料
96 万円
買主乙
合計手数料を３人で割ることに
９６万円+９６万円÷３=６４万円／人
不動産屋Ａの報酬は６４万円

うがお得感が増し、気持ちよく購入できるものなのでしょうし、情報を扱う側も「ほかの人が知らない情報を扱うことがプロの仕事である」といった考えを持つ不動産屋も多くいました。

ちなみに、レインズとは、「Real Estate Information Network System」の略称で、その各単語の頭文字をとりＲＥＩＮＳと呼び、不動産流通標準情報システムのことを指しています。

レインズでは、売主から不動産の売却依頼を受けて、その不動産情報を登録したり、買主に依頼された不動産屋が情報を探したりと、物件情報の提供と受け取りがリアルタイムに絶えず行われています。

話を戻して、そうしたネット上の情報共有が少なかった時代は、売主から売却の依頼を受けた不動産屋がつき合いのある別の不動産屋へ情報を流し、さらにその不動産屋が別の不動産屋へ情報を流すなどして、多くの不動産屋を仲介し契約をまとめることは少なくありませんでした。

現在は物件の情報共有化が進み、あんこ業者が介在する契約は減ってきているのですが、売主が広く情報公開することを嫌った場合、あんこ業者が関わることも依然として存在します。

02

「囲い込み」という悪習慣

◉収益を倍にするために他社からの問い合わせに応じない悪質な不動産屋

売買の場合ですと、まず売主は不動産屋に売却の相談をして、その不動産屋に売却を任せる場合には「媒介契約」を結びます。

媒介契約とは「あなた（不動産屋）にこの不動産の売却先である買主を探す依頼をします」という契約です。

売主と媒介契約を締結することができれば、不動産屋は「元付け」と言われる立場を確保したことになり、契約が成立したときには売主側からの仲介手数料が約束されます。

その不動産屋としては他の不動産屋が連れてきた買主との契約になると「買主側」からの手数料はもらうことができないため、買主も自分で見つけ、売主と買主双方から手数料をもらう「両手」取引をしたいところなわけです。

「両手」取引を狙うことは「収益」を上げようとするモチベーションとなりますから、決して悪いことではありません。

しかしこの「両手」取引を目指すあまり生まれてしまった悪習慣が、不動産業界に未だ根強く潜在しているのです。

その悪習慣とは不動産業界で「囲い込み」と呼ばれる行為です。より利益の多い「両手」の仕事がしたいがために、他の不動産屋からの購入希望者の紹介を「排除」し、自分のところで物件に関わる情報を握って離さないことから「囲い込み」と呼ばれるようになりました。

本来、売主から不動産売却の仲介を依頼された不動産屋は、レインズに物件情報を登録し、不動産業界全体で情報を共有して、できるだけ早く買主が見つかるよう努めなければなりません。

不動産を専任媒介や専属専任媒介契約で預かった場合には、レインズには、専任媒介の場合は7日、専属専任媒介の場合は5日以内に登録して他の不動産屋に「公開」することが義務付けられています。

このような規定があるのは、業界全体で物件情報を共有することで、売主は「希望する金額」で、買主は「希望に近い物件」をお互いより早く見つけ、売主と買主双方の利益を確保するためです。


レインズを使って他の不動産屋に広く買主を募ることをしながらも、自分の力で買主を見つけ出すのであれば、正当な「両手」取引として手数料を堂々といただいても良いと思

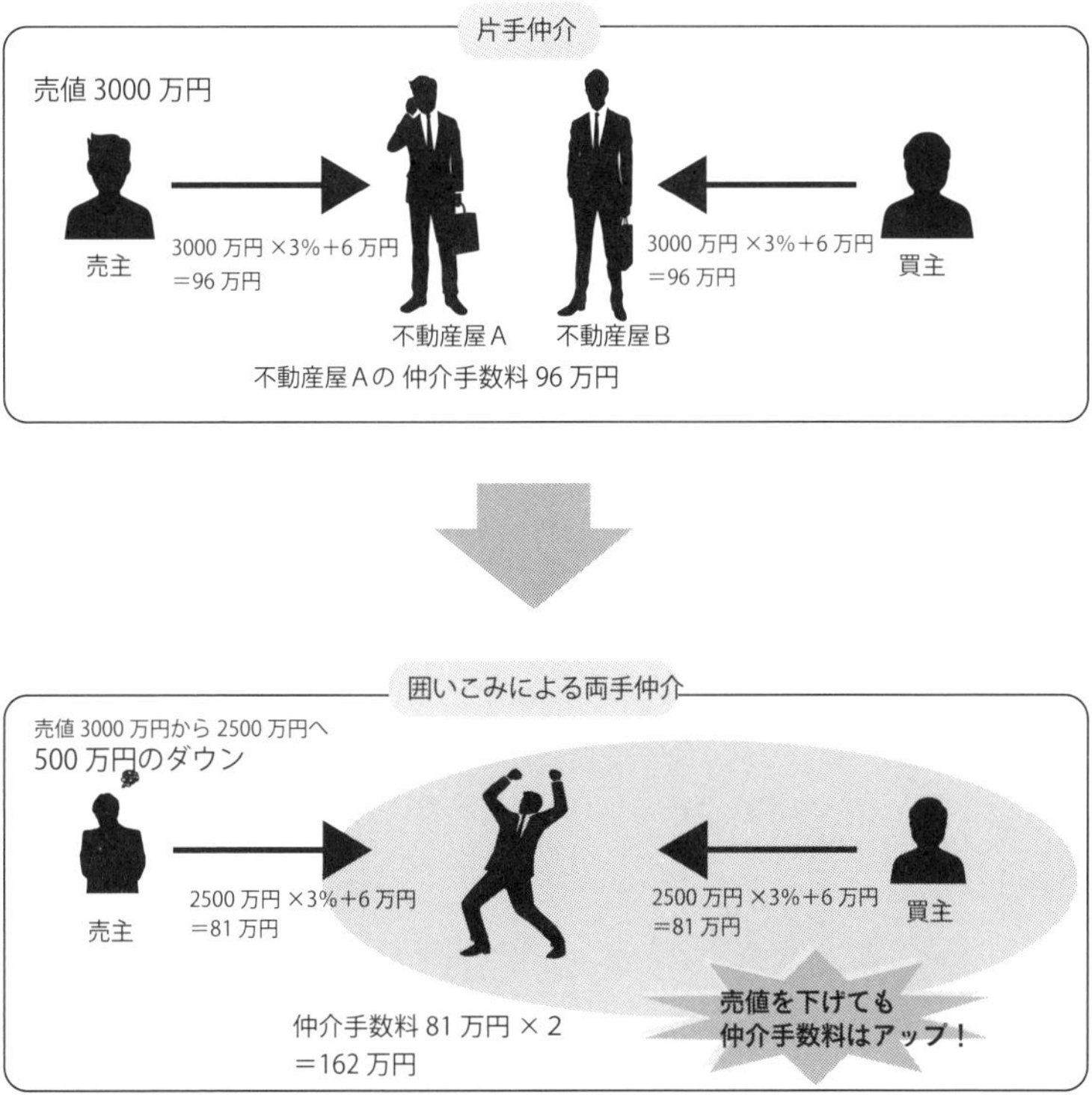
片手仲介
売値 3000 万円
売主
3000 万円 ×3%+6 万円
=96 万円
不動産屋 A
不動産屋 B
3000 万円 ×3%+6 万円
=96 万円
買主
不動産屋 A の 仲介手数料 96 万円
囲いこみによる両手仲介
売値 3000 万円から 2500 万円へ
500 万円のダウン
売主
2500 万円 ×3%+6 万円
=81 万円
2500 万円 ×3%+6 万円
=81 万円
買主
仲介手数料 81 万円 × 2
=162 万円
売値を下げても
仲介手数料はアップ！

います。
しかしながら、客付側の不動産屋が「すみません。貴社（元付）で扱っている〇〇の物件を購入検討したい人がいるので物件を案内させて欲しいのですが」と連絡をしてきたときに、元付側の不動産屋が本当は何も決まっていないにもかかわらず「すみません、申込みが入ってしまいました」「すでに契約予定で」と嘘をついて紹介を全て断り、自社で買主を見つけているとしたら、これは大きな問題です。

他の不動産屋からの購入希望者への紹介には「一切応じない」ことは、売主の高い金額で売却したい意思を無視した行為であるため、許されるべきものではありません。
不動産屋が両手仲介を優先して囲い込みを行った結果、本来自由競争の中にいれば、売主にとってよりよい条件で売れたかもしれない物件が、元付不動産屋が自分たちに都合のよい買主が現れるまで情報を握った結果、なかなか買主が現れずに相場より下がった売却価格になる場合も往々にしてあるのです。

例えば、本来3000万円で売れるはずの物件を、仲介した不動産屋が「囲い込み」をしたとします。「当方もお勧め物件としてお客様を探しているのですが、なかなか見つかりませんねえ。500万円値下げしませんか」そう不動産屋に言われ、ここまで奮闘してくれている不動産屋さんが言うならと売主さんは2500万円で売却することに。

「囲い込み」をせずに他の不動産屋が元の価格にて買主を連れてきた場合は片手仲介での売却ですので、3000万円×3％＋6万円＝96万円が不動産屋の仲介手数料となります。

しかし「囲い込み」をして無理に両手仲介とした場合、500万円値引きしたとしても2500万円×3％＋6万円＝81万円の2倍である162万円の手数料が入るのです。

つまり「なかなか買い手が見つからず困ったなあ」と、やむなく値引きすることになったとしても、不動産屋は片手で高く売れたときより儲かっているので、実質困るのは売主のみなのです。

不動産屋には両手仲介分の手数料が入るので、500万円分の損失はどこ吹く風。まったく影響がないのです。

「ノルマ達成」「大きく儲けたい」そんな数字上の利益だけを追いかけた結果、「何がなんでも両手契約」そんな風潮が高まって、「囲い込み」という悪習を生み出すことになってしまったのでしょう。

03

さらに悪質！「囲い込み2回」の強者たち

◉安価で買取不動産屋に仲介して、さらにそこから転売時にも仲介する不動産屋

より多くの手数料を取得したいがための悪習「囲い込み」によって、本来、自由競争のもとにさらせば、より高く売れたかも知れない不動産が不当に安くされ売主だけが損をするという事実。そんな悪質な不動産屋が存在することはご理解いただけたと思いますが、実は「囲い込み」より更にひどい手口があるのです。

「囲い込み」を利用して、「元付け」の不動産屋甲が、「案内にも成約にも、なかなか至りませんね。そろそろ売り出し価格の値下げをしませんか？」と売主Aに持ちかけます。

売主Aは不動産屋が言うのであればと「わかりました。値下げしましょう」と応じることになり、3000万円を2000万円まで下げました。

次に不動産屋甲は値下げをした物件の購入者を囲い込みによって、「買取り専門の不動産屋B」にします。この段階の契約で、不動産屋甲は売主A買主B双方から手数料をもらえる「両手」が成立しました。

問題はさらにこの後にも続きます。先ほどの「買取り専門の不動産屋B」が今度は売主

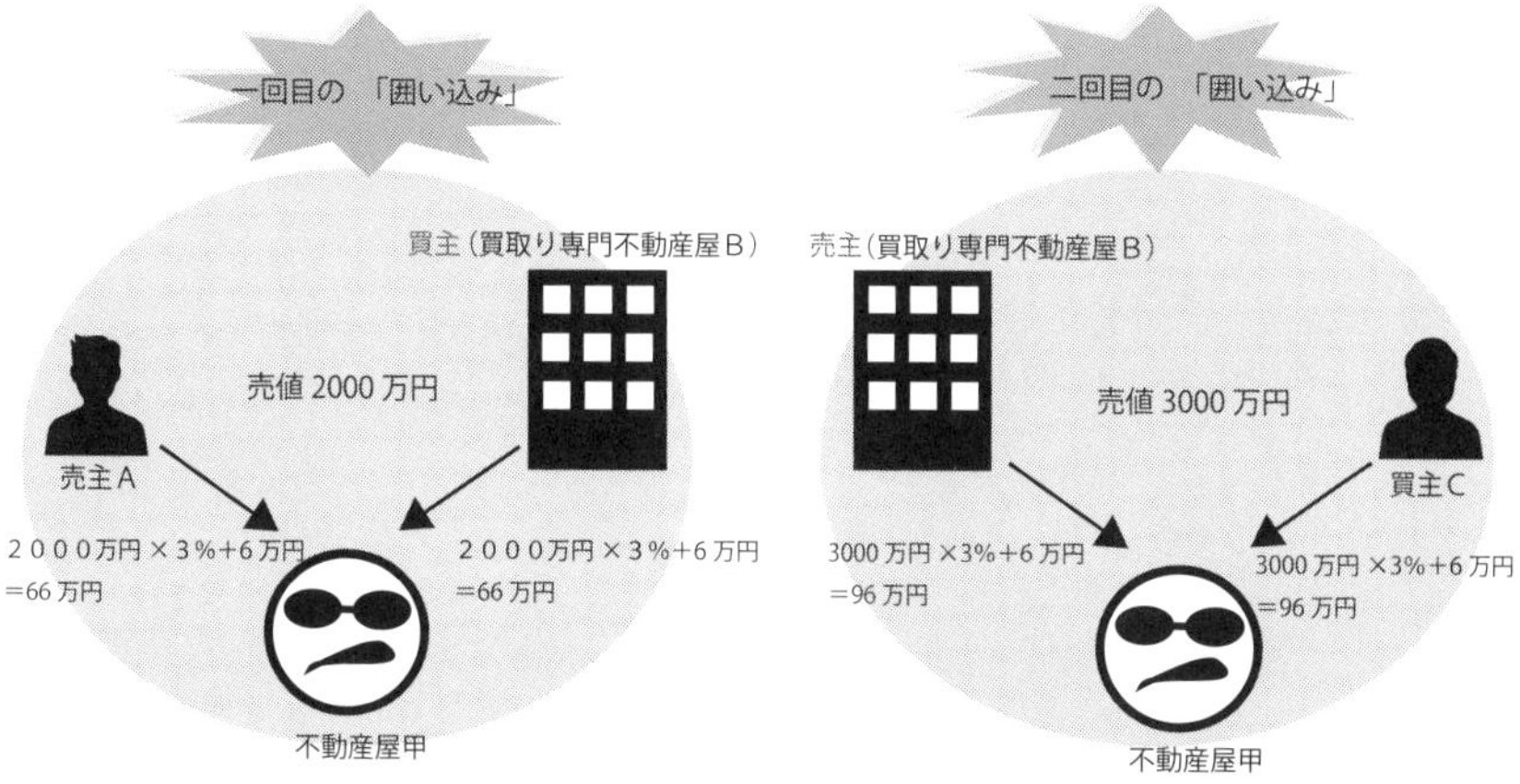

不動産屋甲が今度は売主になるときにも仲介として入り
「囲い込み」 で買主Ｃを見つけてくる。
二回目の両手仲介手数料！

となり売却するのですが、このとき先の取引で「元付け」にいた不動産屋甲は、なんとここでも不動産屋Ｂから「元付け」の立場をもらい、次の契約においても「囲い込み」をするのです。

買主Ｃを見つけて来て仲介し、売主の不動産屋Ｂと買主Ｃから仲介手数料をもらおうというわけです（不動産屋Ｂは売買の段階で２０００万円で購入した物件を３０００万円で売りに出し儲けを出していますから文句はいいません）。

ざっくり計算しても、両手が2回できるわけですから片手の仲介手数料の4倍近い仲介手数料を稼げるわけです。

これは、売主Ａが本来売れる額を大幅に下回っていますので、大きな問題になる話だと思います。

04

仲介手数料「半分にします！」の常識？

◉実は当たり前のことを声高にしているだけの不動産屋

アパートやマンションなどの賃貸契約をするときにも、敷金・礼金などと合わせて初期費用として発生するのが不動産屋に支払う「仲介手数料」です。

賃貸借契約の際に、不動産屋が受け取ることのできる仲介手数料の限度額は、家賃の1ヶ月分＋消費税（以下、「消費税」の文言は省略します）が上限と定められています。

例えば毎月の賃料が10万円のとき、仲介手数料の上限額は10万円となるわけです。

「住居系」の賃貸の場合、本来Aが一方のお客様からもらえる手数料は月額賃料の半分、この例（次ページの図の①を参照）でいくと5万円までと規定されています。

実はこの取引にもいくつかの「からくり」が存在します。

本来は月額賃料の半分までと規定されていますが、「依頼者の承諾があれば1ヶ月分まで貰ってもよい」というルールが存在し、借主はほとんど、この「1ヶ月分まで支払います」と知らずのうちに承諾をし、賃料の一月分である10万円の手数料を支払っていることがあるのです。

「知らずのうちに」と書きましたが誤解のないように話しますと契約の直前のやりとりの

書類の中に「私は仲介手数料1ヶ月分を支払うことを約束します」との一文があり、ほとんどの方がその文言をあまり気にせずに記名押印して「承諾」をしていることになっているのです。

ですから、最近は「ウチは月額賃料の半月分しか仲介手数料をとらないよ！」と声高に言う不動産屋がありますが、実はルール上それがあたりまえの話だったりします。

①手数料の考え方（居住用）

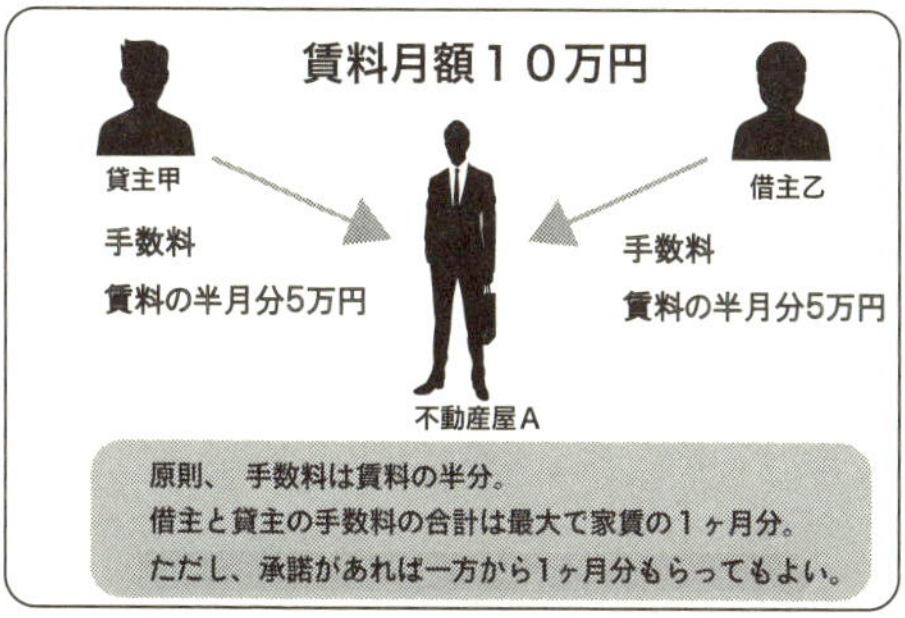
賃料月額１０万円
貸主甲
手数料
賃料の半月分5万円
借主乙
手数料
賃料の半月分5万円
不動産屋Ａ
原則、手数料は賃料の半分。
借主と貸主の手数料の合計は最大で家賃の１ヶ月分。
ただし、承諾があれば一方から1ヶ月分もらってもよい。

②借主から手数料一ヶ月分の手数料をもらった場合

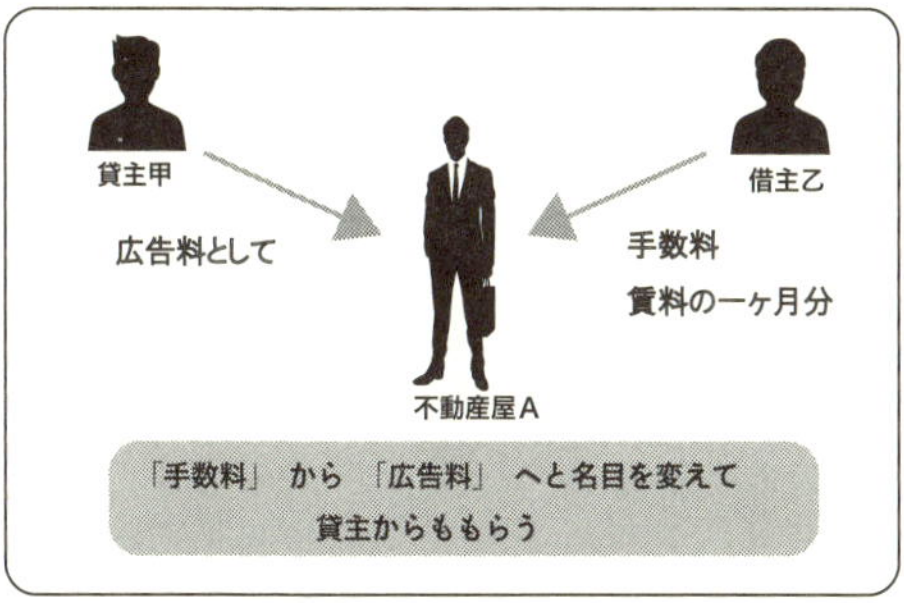
貸主甲
広告料として
借主乙
手数料
賃料の一ヶ月分
不動産屋Ａ
「手数料」から「広告料」へと名目を変えて
貸主からももらう

③手数料半分のからくり

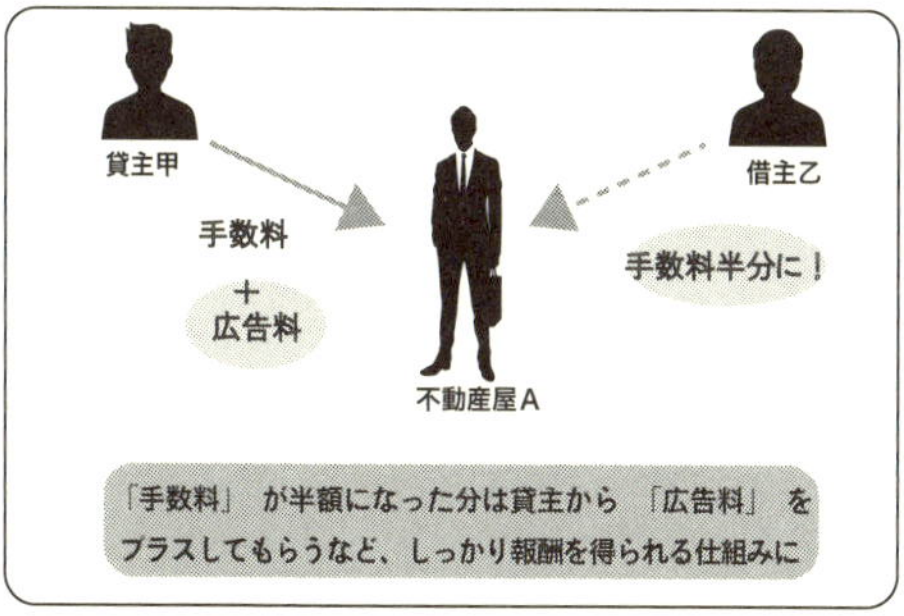
貸主甲
手数料
＋
広告料
借主乙
手数料半分に！
不動産屋Ａ
「手数料」が半額になった分は貸主から「広告料」を
プラスしてもらうなど、しっかり報酬を得られる仕組みに

もちろん、この本を読んだ皆様がアパート・マンションを借りる際に「私は月額賃料の半分しか払わない」というのは「アリ」なのです。

しかし不動産屋も「目標の売上」がありますから、そのようなことをおっしゃる皆様を優先順位の高いお客様として扱わなくなることがありますのでご注意ください。

今、仲介する不動産屋Aがいて、貸主甲と借主乙がいたとします（図の①）。

借主乙は希望の物件を探し、貸主甲との契約をまとめてもらうことでAに手数料を支払います。一方、貸主甲は借主乙を見つけ賃貸契約までしてもらう代わりにAに手数料を支払います。

このように双方から手数料を貰う「両手」の場合であっても、合計手数料の上限は賃料の1ヶ月分である10万円になります。

両手仲介では不動産屋Aは借主乙からもらう「仲介手数料」のほかに貸主甲からも「仲介手数料」がとれるはずです。

しかし、ひとつの取引での「仲介手数料の限度額」は「賃料の1ヶ月分」までとのルールがあるため、借主乙から賃料1ヶ月分の手数料を受け取った不動産屋Aは、もう貸主甲から手数料をとることはできなくなりました。

そこで「仲介手数料」ではなく「広告料」という名目にして手数料分をいただくことに

するのです（図の②参照）。結局は名目を「広告料」へと変えただけで、貸主からもらっているのではないかといわれることもあります。

こうして名目を「仲介手数料」から「広告料」に変えて、借主・貸主それぞれからもらうのが不動産業界では多くなっています。

これらはもちろん貸主側も成約してくれるなら広告料を支払うことはいたしかたないと考えているようです。

実は、賃貸の仲介手数料の規定の「1ヶ月分」だけでは、広告営業を頻繁に行う不動産屋の経営はもはや成り立たなくなりつつあるのです。

店舗を構え、従業員を雇い、案内用の車両を用意して、広告を頻繁に打つとなるとそれなりの経費がかかります。しかしながら仲介料の規定は何十年間も変わらないため不動産屋もそれなりに別名目にして手数料をいただかなければ存続が厳しい状況にあるのです。

不動産の店頭でもネット上でもよく見かける「仲介手数料半額」の宣伝文句ですが、一見は不動産屋が身を削って利益を半分にしてサービスしているように見えますが、実はお客様から得られないもう半分は「広告料」として貸主からもらう分を増やすなど、しっかりと報酬を得る「からくり」があるのでした。

05

仲介手数料「無料」に隠された巧妙なしくみ

◉タダでも結局は儲かる不動産屋のからくり

インターネットの広告でも頻繁に見かける仲介手数料「無料」の売り文句ですが、そのような「手数料無料」にする不動産屋を皆様はどのように見ているでしょうか。

不動産屋は民間企業ですから「利益」が出なければつぶれてしまいます。

その利益のほとんどを占めるはずの仲介手数料を無料にしているのには理由があるはずです。

実は不動産屋は、たとえ仲介手数料が無料であっても、前項のように貸主側から「広告費」をもらえるケースがあるので、それさえ確実にもらえるのであれば「仲介手数料を無料にして利益が半分になってしまっていても仕方がない」と考えることもあるかと思います。

しかしながらこのようなケースができるのは、あくまでも「貸主側」の不動産屋であることが条件となります。

ですから「仲介手数料無料」と宣伝していてもその広告の横には小さい文字で「※特定の物件に限ります」とあるはずです。

特定とは、実は「貸主から手数料がもらえる物件に限る」という意味なのです。

その他には、本来は契約時の謝礼として借主が貸主に渡すはずの「礼金」において、0ヶ月分の物件であるはずのところ、「1ヶ月分」として借主と契約し、貸主とは「礼金を増やした分を弊社にください」と約束しているケースもあります。結局、手数料をまけても借主が支払う金額は変わらないようにしているのです。

借主から堂々と受け取れる仲介手数料を借主からもらうことをせず、しかし、結局は違う名目で支払わせているというわけです。こういうケースは借主の無知に乗じているように感じられ、あまり好ましいとは思えないのですが、そこまでしても不動産屋の経営はなかなか厳しいケースが多いようです。

その他「仲介手数料無料」となるのは、貸主がそれだけ早く入居してもらいたい物件であるときがあります。

例えば物件が「駅から遠い」「築年数が古い」「日当たりがよくない」「入居者が見つからない時期である」など何かしらの理由があって、入居者を早く見つけて空室でなくしたいという場合、仲介手数料を無料にしてでも入居してもらえるならと考えるケースがあります。

しかし、こうしたケースは、物件の「管理」を任されている不動産屋ができることなのです。

入居が決まれば、入居者が毎月支払う家賃から「管理手数料」5％（最近では3％の会社も多くなりました）をいただくことができます。このような安定した収益を得られる「賃貸仲介＋管理会社型の不動産屋」であれば「損して得とれ」の言葉の通り、たとえ仲介手数料や広告費がもらえなくともその入居者の家賃を管理することで「管理手数料」が恒常的な収益として見込めます。信頼していただいている貸主の手前もあり、仲介手数料を手放してもよいと考える不動産屋もいるのです。


貸主からの「管理手数料」等で毎月の経営資金であるキャッシュフローを安定させることができれば、不動産屋はサービス感たっぷりに「手数料無料」と掲げて借主を呼び込むことも可能となります。「管理」と一言にいってもその仕事は多岐に及び、様々な手数料がその都度発生するため、貸主から一括して管理を任されれば、手数料を手離してもその収益は潤沢なものになるのです。

安定したキャッシュフローとは、家賃管理（集金代行）手数料、契約更新業務、保険契約締結業務など、契約後にも貸主が賃貸経営を行う上で欠かせない業務に発生する手数料がそれにあたります。

例えば、家賃の集金代行を貸主から依頼されていたとします。

入居者の支払う賃料の5％をいただくことになりますので、管理委託されている物件の部屋数が100室、その平均家賃が戸当たり月額10万円だとすると1戸5000円の集金代行手数料を取得できるのです。全部で100室ですので、5000円×100室＝月額

50万円の管理費用を恒常的に得られるということになります。長い期間で考えると一回の仲介手数料を失っても余りある収益となります。

その他、入居時には入居者から鍵交換手数料、保証会社をつけた場合は保証委託契約の手数料、火災保険加入手数料。賃貸の場合は2年ごとの更新時に更新事務手数料として一定額を貸主と借主双方からいただくことができます。

退去時には退去に伴う原状回復工事・クリーニング施行を行う際の発注費用など、「管理」には様々な入金のしくみがあるのです。

半額にしても無料にしても不動産屋の仲介手数料減額サービスに見せる言葉の裏には、ルートを変え、名目を変え、利益となる金額が必ず入ってくるような「しくみ」が存在しているのです。

手数料無料にしているケースで、売買の場合でも同じようなしくみが考えられますが、特に新築分譲を不動産屋が「自ら売主」となり販売している自社物件の場合は、自らが売主のわけですから「仲介」ではないため仲介手数料が発生しないことになります。

「売主のため仲介手数料は発生しません」といったような広告やのぼり旗を目にされた方もいらっしゃるかもしれませんね。

06

「お客様想い」の営業マンが一握りしかいない理由

◉馴染みの不動産屋だからといって気を許してはいけない内部事情

収益が2か所から得られる「両手」契約をとるために囲い込みをしたり、さらに「両手」を「2回」するといったことまでしても利益を得ようとする不動産屋がいると書きましたが、そんなことまでして躍起になって利益を追求するのは一体何のためなのでしょうか。

そのひとつには「不動産屋が社員に課す大きなノルマ」にあります。

事実、不動産営業のノルマは非常にきつく、以前は不動産屋の接客スペースの後ろのバックヤードには「目標金額まであと○○円!」「営業収益絶対確保!」などと掲げられ、人間性はどうでもよいから数字を上げろ、とひたすら数字を追いかける毎日の連続になっている不動産屋が多くありました。

不動産営業マンは営業収益の数字でしか評価されない世界なのです。

毎月、営業成績を達成しているような優秀な営業マンであれば上司から何も言われませんが、成績不振が続けば、上司から罵倒や叱責を毎日毎晩浴びせらせることも珍しくない世界なのです。

常に急《せ》き立てられ、ただただ数字を追いかけるようになっていってしまうため、このやり方はお客様には得するのか？　という判断がつかない、お客様の立場に立ってなどという見方ができない、そんな状態に陥る傾向があります。

不動産屋は店舗をできるだけ駅前や人通りの多い一等地に構えたいので「高額な家賃」が発生します。そこにお客様を呼び込むために「多額の広告費用をかける」など多くの経費がかかることもあり、その結果営業マンに課せられる売り上げノルマが厳しくなるというわけです。

実際、そのような不動産屋の営業マンに課せられる仲介手数料のノルマは「年間3600万円」ほど。

月間にすると「300万円」程度の仲介手数料の目標になります。

仲介手数料は3％なので逆算するとなんと年間12億円分の物件価格の契約を結ばなければならないのです。12億円ということは単純に計算して毎月「1億円」分の仲介をしないと達せない金額です。

マンションが2000～3000万円とすると、毎月の契約が「片手」仲介で月に3～5本とか、5000万円の収益不動産の取引を「両手」でしなくてはならないことになります。

一般のお客様にとっては人生で一番大きな買い物になるであろう不動産の購入。時間をかけて悩みながら決めることが大半ではないでしょうか。そのような大きな買い物の契約

仲介手数料ノルマ
月間３００万円
⇒仲介手数料は３%+６万円だから
月に１億の契約を結ばなければならない

年間ノルマ３６００万円
⇒一年で**最大 12 億円分**の物件契約をする必要あり
これはすごい数字

月間３００万のノルマをクリアするには……

３０００万円の売買契約だとすると
手数料は９６万円なので
月に
3本以上 契約を取らないとならない

５０００万円の売買契約だとすると
手数料は１５６万円なので
月に
2本 契約を取らないとならない

を毎月毎月新たに4本、5本と契約することは非常に厳しいことがわかります。

もちろん難なくノルマを毎月クリアする優秀な営業マンもいるでしょう。しかし波があるのも不動産の世界です。一回で億単位の大きな契約ができるときもあれば、全く契約がとれないことが数ヶ月も続くなんてこともざらにあります。

毎月新規のお客様から契約を取り、月に「1億円分の取引」の達成をさせることは困難を極めます。

ノルマ達成しなければと追い立てられた営業マンは、仲介手数料を得ることが最優先になってしまいます。

「片手」より「両手」、「両手」を確実にするためには「囲い込み」、と利益を得ることだけに意識が向いてしまい、お客様の名前も覚えていないなんて営業マンもいるようです。

この人だからと信頼して高額な買い物の仲介を頼んだのに、営業マンの頭の中は自分の契約をとることでいっぱい、営業ノルマの達成のためだけに扱われているとしたら、お客様にとってこんなショックなことはありません。

よくみる不動産屋だから情報が多いだろう、良い物件を紹介してくれるだろう、へんなことはしないだろうと物件を探す際にはそういうところへ行けば大丈夫だろうと足を運ぶ方は多いものです。

もちろん、よくみる不動産屋でもまともな会社、営業マンもたくさんいます。しかし、よくみる不動産屋の営業マンの一部には過酷すぎるノルマを抱えていること、そのためよからぬ手段へ走ってしまう人も少なからず存在することを頭の片隅に置いておいてもらえればと思います。

お客様ご自身が不動産屋や担当する営業マンを見極めて取引に入ることが肝要になるでしょう。

07

「あなたの不動産に購入希望者がいます！」は本当？

◉実際に問い合わせると条件が合いませんといって逃げの口上の場合も！

マンションにお住まいの方なら、「このマンションを購入したいお客様がおります」といった内容のチラシが折り込まれている経験があるかと思います。

チラシには購入希望者が「北千住エリア限定」「60平米以上」「予算3000万まで」「3LDK」「来春に転勤予定の3人家族」などと具体性があり、そのチラシを見たマンションの住人は「売却しようと思っていたけど条件にピッタリのお客様がいるならこの不動産屋にしようかな」と思ってしまうような内容です。

このようにいかにも具体的な購入者がいると思わせるチラシですが、実際にはそのような購入希望者がいないなんてこともあったりするのです。

ではなぜ「購入したい人がいる」と書かれているのに、実際には「購入希望者のいない」チラシを不動産屋は撒くことがあるのでしょうか。

実際にそのようなチラシが入ると、マンションの所有者は「このマンションは人気があるんだなあ」と感じ、所有物件の高い評価に悪い気はしません。

今すぐではなくとも、将来売るときに「確かあの不動産屋はこのマンションの売却を得意にしていたなあ」と思い出してもらえれば、「元付け」となって媒介契約を結ぶことができる可能性が増えるわけですし、まさに「今売りたい！」と思っている人がいたらチラシの不動産屋に連絡をし、媒介契約締結となる可能性はますます高くなるでしょう。つまり、売主から物件を預かれれば、そこから買主を探しても市場が活発な場所においては比較的容易に見つかるものなのです。

実際に私もマンションを売るときに、このようなチラシを見て「マンションを売りたいのですが、チラシのお客様を紹介してくれますか？」と連絡を入れると、担当の営業マンからは「実は購入希望者のご希望の間取りと合わないようでして」「お値段的に合わないようでして」などと希望と合わなかったことに逃げの口上に嫌気がさしたことがあります。

実際、購入希望者はいないことが多いのでごまかすしかないのですが、なぜそんなチラシをまいたのかというと、実はここから先が一番の目的となるのです。

「じゃあ、どのような条件なら売ることができますか？」の言葉をそのチラシを見た人から聞き出させたら営業マンはかなり有望客が見込めたことになります。


そのようなチラシの目的の一部は、「売主から売却の条件を聞き出すこと」があるのです。うまく話を聞きだし、売りたい事情を確認して、そうこう話しているうちにチラシを見たお客様はすっかり話を聞いてくれる営業マンを信用するため、「売るならあなたに任せたい」と媒介契約の流れになることも多いのです。

その際、媒介契約の中でも最も不動産屋が欲しい専任媒介契約を結べるように持っていければかなり上出来です。３ヶ月の契約期間ができるため、たとえ媒介契約時には買主がいなくともこの猶予期間ともいえる３ヶ月の間に買主を見つければいいのです。

専任媒介契約となれば、他の不動産屋は入りませんので売主の希望条件をじっくり聞きだし、その条件に合わせて買主を見つけるというわけです。

媒介契約は例えるならば「仲人」の依頼にあたります。

不動産屋に売買の相手方を探してもらい、上手に仲をとりもって「結婚」（売買契約）に結びつけるといったイメージでしょうか。

売主と密に関係を持てる専任媒介契約は売買の契約成立にまで持っていける可能性が高くなります。

そのため一旦物件を預かってしまえば勝ち（売買契約までもっていける）と考え、「とにかく専任媒介契約を」と営業する不動産屋が多く存在するのです。

もちろん専任媒介契約には厳しいルールが存在しますから、お客様に不利になることは少ないと考えられます。

ですから、専任媒介を取りに来る不動産屋は「悪い」とする論調もありますが、その点はきちんとルールを守れる不動産屋なら安心かと思います。

08

「あなたの不動産の価格査定をします！」の真意は？

◉とにかく一度依頼を受けてしまえば不動産屋の術中にはまってしまうことがある

前項で、購入希望者が実際にはいない購入希望チラシがポスティングされる「真の目的」についてお話ししました。

そのチラシの中に「あなたが所有されている不動産の価格査定いたします」と書いてあるものを見たことがある方も多いと思います。

自分の所有している不動産の評価額を知りたい人は実はとても多いのです。

「高く売りたいと思っている人」「事情があって少し安くなってもいいからすぐに売りたい人」そうした人が価格査定を求めて連絡をしてくることがあります。

不動産の営業マンにとっては媒介契約をとることが収益を上げるための第一歩になります。

「査定します」の言葉もまた、それをきっかけにして媒介契約を結び、売買契約へつなげるための手段なのです。

家を売ろうと思ったら、できるだけ高く売るために、「いくつかの不動産屋から見積もりを取って検討し、少しでも査定額が高い不動産屋に頼もう」と思っている方も多いのではないでしょうか。

何とかして専任媒介契約をとることが大切な営業マンはこうした売主の心理につけ込んで、「本当は3500万なのですが、4000万で売れますよ」と甘い言葉をささやきながら高い査定金額を提示していきます。

高い金額で売りたい売主にとって、こうした言葉は魅力的に聞こえます。そうして媒介契約を結び、コミュニケーションを重ね、巧みなセールストークで売主との距離を縮めていきます。

売買契約までの3ヶ月の間に売主はすっかり情を掴まれて営業マンを信頼しているので、実際は査定で言われた4000万で売れなかったとしても「この人頑張っているから」「対応がいいから」と許してしまうものなのです。

不動産の売却査定は高ければ良いというものではありません。このような不動産屋から提示された査定額は、後々トラブルに発展することも多いのです。

初めの高い価格に対して過度に期待してしまった売主は、反響がないことや買主から想像以上の価格交渉をされた場合に激怒してしまうことも珍しくありません。

査定額が高い会社を選ぶお客様が多いのがわかっているからこそ、後々値引きすることは前提で、高額な査定額を提示する不動産屋も存在するのです。先に挙げたケースがまさにこれにあたるでしょう。

自社を選んでもらい契約をとるためだけに提示された4000万円という高い査定額ですが、最初から値下げして売ることが前提となっていたりするのです。

もし、高額な査定額を提示されたときには、安易に飛びついてその不動産屋に決めてしまわずに、一度査定額の根拠を尋ねてみましょう。

その際、納得のいく説明が得られれば、安心して査定額の高い会社を選んでもよいかもしれません。しかし、納得のいく説明がない場合は、契約を避けたほうが賢明といえるでしょう。

また、チャレンジ価格として高い価格を市場に投げかけてみることを提案するのであれば、「チャレンジ」であることを売主が理解されての話であればもめることもないと思いますのでよいかと思います。

09

価格査定は高く出すだけが能ではない⁉

◉相続や離婚の際には評価を低く出すことで依頼者の心をつかみにくる

所有者が査定を希望するとき、実は高く評価して欲しいだけではありません。その逆に、低く査定額を出してほしいという人もいます。

例えばこんな例が低い査定額を希望する案件です。

3人兄弟の長女が相続について相談に来ました。

親の残した2400万の不動産を自分が手に入れたいが、3人で分割したことを想定した場合、弟2人に1／3の800万円ずつの合計で2／3の1600万円の現金を用意しなければならず、大変なのでどうにか低く査定してもらえないかとのこと。

マンションを低く査定してもらえれば、それだけ兄弟へ渡す現金も少なくてすみます。仮に1800万に査定してもらえたとしたら兄弟へ渡すのは1200万で済むわけです。

長女に気に入ってもらいたい不動産屋は、「査定の数字を都合のいいようにごまかしますよ、1800万で査定しますよ」と持ちかけます。

そうやっていずれ長女が無事相続して物件を取得し、いざ売却するときには専任媒介契約をとっていこうという魂胆なのです。

契約を取りたいためだけに、適正ではない査定額を提示するような不動産屋に、安易に飛びつくことは、結果的に思いがけぬトラブルに巻き込まれ、損をすることにもなりかねません。

兄弟が他の不動産屋に査定の依頼をされるかもしれませんし、不動産鑑定士に依頼されるかもしれません。そうした場合には長女と不動産屋のたくらみはあっさりと発覚し、不動産屋の信用はもちろん長女も他の兄弟からの信用も失墜します。

同じようなことは、離婚を控えた夫婦間でも起こり得る話です。

自宅を夫婦の共有としてローンも支払い終えている状態で離婚することになった場合で、例えば妻がその家に留まり生活をする際には、妻は離婚して家を出ていく夫に対して「夫の持分」のお金を支払わなければなりません。

その際にも、家に留まる妻側は支払う額をできるだけ少なくしたいので、家を「安く評価」してほしく、反対に家を出ていく夫側は持分の額が多いほど嬉しいので、「高く評価」してほしいとなるわけです。

それぞれが不動産屋に査定を依頼した場合には、大きく乖離した金額が出ることもありトラブルが余計にこじれることもあるのです。

残念ですが、それだけ自分の利益のために査定額をお客様に合わせて簡単に変動させてしまう不動産屋もいるということなのです。

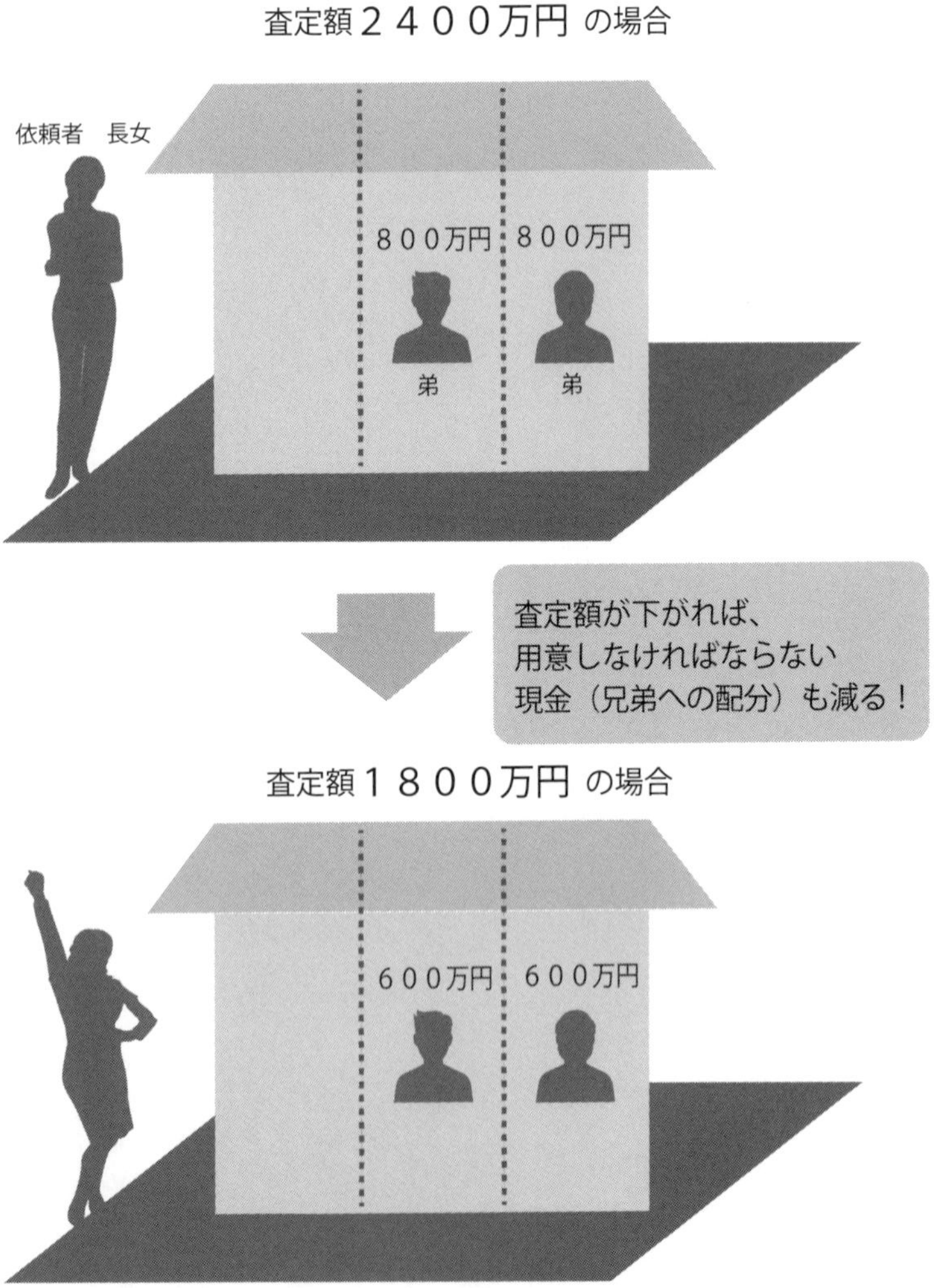
査定額２４００万円 の場合
依頼者　長女
８００万円
８００万円
弟
弟
査定額が下がれば、
用意しなければならない
現金（兄弟への配分）も減る！
査定額１８００万円 の場合
６００万円
６００万円

10

原野商法で土地を買った人は二度騙される！

◉バブル期の購入者は「高齢・富裕層」が多いので詐欺のターゲットになりやすい

「原野商法」とは、高度経済成長期からバブル景気の時代に「一億総不動産屋」という勢いで土地ブームが巻き起こり、次々と土地を買う人々に目をつけた不動産屋による悪徳商法です。

何もない山奥の「原野」や「山林」の上に「青写真」を描き、今後の開発計画によって「ここに道路が敷かれ下水道が入り、この辺りには商業施設ができ……」「いずれ必ず値上がりします！」と、既にこうした都市ができあがりつつあるといった構想を広げて夢を持たせ、全く価値がない土地を買わせる詐欺の手法です。

現地に実際に見に行く人は少なく、不動産屋の提示する「パンフレットのみ」で購入している方が後を絶ちませんでした。

当時働き盛りでこうした原野商法で土地を購入した人は「団塊の世代」と言われる人々で、現在70代～80代になっています。

値上がりすると夢見た土地は、行ってみたら何もなく、何十年たっても山林のまま。

そんな二束三文にもならない土地は持っているだけで困りもの。そのような土地の悩みを抱えた人々に目を付けた不動産屋が、今度は「高く売れますよ」「買取りますよ」と言って近づいて再度騙す原野商法の二次被害が現れ始めました。

国民生活センターの「原野商法の二次被害報告」（2018年1月25日に発表）によると、2017年は、調査を始めた2007年以降、被害相談が最多の1196件で、07年の2・5倍。被害者の年代別割合をみると、「70歳代が約4割を占めもっとも多く、全体を見ても、60歳以上が約9割を占めています」。

「団塊の世代」の人はネットをあまり使えず情報に疎いことが、二度目の原野商法にあってしまう原因のひとつと考えられます。

こうした世代の特徴を掴んでいる悪徳不動産屋は、まず「あなたが35年前に買った土地を買いたい人がいる」などと話を持ちかけます。

多少の損をしてでも手放したいと思っていた土地が「500万、600万で売れますよ」と言われたら、すっかり乗り気になってしまうのは人間の心理でしょう。

すると次に言われるのは「原野を売るのに現地の調査や整備が必要です」との言葉。「タダでも売れない」と思っていた土地が500万で売れるとしたら、「整備に200万かかると言われても差額の300万が手に入るのだから得したものだ！」と安易に支払ってしまう人が実に多いのです。このようなケースは売却勧誘サービス提供型と呼ばれています。

原野商法で二度目の被害を蔓延させている不動産の手口は次の3つのタイプに分けられます。

①売却勧誘サービス提供型

「山林を購入したい人がいると説明され、調査費用と整地費用を払ってしまう」

②売却勧誘下取り型

「雑木林を買い取ると勧誘され、節税対策と言われお金を支払ったが実際は原野の購入と売却の交換契約だった」

「山林の購入契約についてクーリング・オフをしたが返金されない」

「子に迷惑をかけたくなく原野を売却したが、新たな土地の契約をさせられていた」

「原野売却費用の工面のために自宅を売るよう言われて契約した」

「宅地建物取引業の免許を持つ業者だというので信用したが契約後連絡が取れない」

③管理費請求型

「覚えのない管理業者から別荘地の未払い管理費20年分を支払えとの通知が届いた」

など（国民生活センターHPより）

悪い不動産屋にとって原野商法で土地を買った人たちは格好の餌食に感じるようです。騙す手口はいくらでも思いつくのでしょう。

昔、原野商法で被害にあったのにもかかわらず、30年後の今またこうした手口によって、売れると思って支払った200～300万円を取られてしまい二度目の詐欺商法にあうという方が後を絶ちません。

よくわからないまま担当の営業マンに印鑑を預けてしまい契約しているケースもあるのですが、弁護士を立てると費用がかさみますし、2～300万程度の額ですと警察は事件としてはあまり小気味よく動いてくれません。

そのため騙されたと気づいても、どうにもできないと泣き寝入りされる方が多いのが現状のようです。

実はインターネットでは、350円程度で誰でも手に入れられる「公図」「登記情報」があります。これを見れば、山林のどこの区画を誰が持っているか、所有者が現在どこに住んでいるのか、住所までもが一目瞭然なのです。

「この山林を持っているのはバブルの時期に原野商法で土地を買った世代だな」と知っている不動産屋にとって、公図・謄本は「第二の原野商法の手引き」のようなものなのです。

また、「山林」を「山林」のまま扱うことは宅建業法の規制には引っかからないため、不動産屋の監督官庁である国土交通省や各都道府県庁も規制ができないため、そのことを逆手にとって悪事を働いているようです。

なんともうまく考えられた手口です。

現在、「原野」「山林」を所有している方に気をつけていただきたいこととして国民生活センターが挙げるアドバイスが次の5つです（国民生活センターＨＰより）。

①「土地を買い取る」「お金は後で返す」などと言われても、きっぱり断る
②宅地建物取引業の免許を持っていても、安易に信用しない
③根拠がはっきりしない請求には、お金を支払わず毅然《きぜん》と対応する
④おかしいと気づいたり、トラブルにあったら消費生活センター等に相談する
⑤周りの人も高齢者がトラブルにあっていないか気を配る

原野商法の二度目の被害に遭わないようにするために、「あの土地、売れますよ」等の誘い文句を唱える人が現れたときには、「これは、もしかして？」と思える意識を自分で持っていることが大切です。

◆参考：「国民生活センター」
http://www.kokusen.go.jp/news/data/n-20180125_1.html

II

バブル期に売られたリゾートマンションが10万円!?

◉売ることができなければ「資産」ではなく「負債」となる

原野商法の項でお話ししたように、バブル期の当時は「国民総不動産屋時代」で誰もが不動産を持ちたがった時代でした。そんな時代、「リゾート型マンション」を所有しようという一大ブームが巻き起こりました。

房総・箱根・草津・湯沢など、海沿い、温泉地、スキー場、都心から1時間程度で着けるリゾート地に次々と建てられるマンションは飛ぶように売れていったのです。

バブル期に訪れたスキーブームによって、週末になると都内から行ける距離の越後湯沢スキー場は多くの若者でごった返し、スキー場の近くにはリゾートマンションが次々と建設されていきました。新潟県上越湯沢町は、そんなリゾートマンションブームのメッカとなっていきます。

湯沢町のスキーブームの歴史は古く、岩原スキー場、ガーラ湯沢、苗場、湯沢パーク、中里スノーウッドなど行ったことがなくともCM、駅のポスターなどで、誰もが一度は名前を目にしたことがあるのではないでしょうか。

湯沢におけるリゾートマンションブームは、1985年の15階187戸の「ライオンズ1号」完成から始まります。同じ年、上越新幹線上野発が開業して、さらに関越自動車道が全線開通したこともブームが加速した原因です。

『筑波大学人文地理学研究』によると、

「湯沢町全体としてはリゾートマンションブーム元年の1985年には2棟、86年4棟、87年4棟、88年4棟、89年9棟、90年15棟、1991年2月末現在、完成マンション49棟・1万7724戸。建築中および指導要綱協議済16棟・5555戸、両方併せて65棟・1万6266戸である。人口9500人、世帯3200人の町に、世帯の5倍にも当る戸数のマンションが建てられ、その後14棟6500戸が計画中である。1988年全国で売り出されたリゾートマンション戸数1万1564戸のうちその1／3以上の3912戸が湯沢に集中していた」

とあり、その数の多さに湯沢でマンションを持とうとした当時のブームの凄まじさがわかります。

房総・草津・箱根・浅間・熱海・伊東・湯沢を対象にマンション購入者に対して行ったアンケート（1988年）では、リゾートマンションを購入した年齢階層は40歳以上が

67％と圧倒的に多く、購入者の居住地はなんと東京が81・1％。当時働き盛りであった世代が、都心から週末さっと遊びに行ける車で1時間程度の場所にマンションを所有する、当時のブームの特徴が如実に表れています。

新潟日報新聞社の取材チームが特集し報道したリゾートマンションのこうした湯沢の実情は1990年の日本新聞協会賞を受賞。後に新潮社から『東京湯沢町』として出版されたのですが、そのタイトルはまさに当時の湯沢町を象徴しています。

一大ムーブメントとなった湯沢のマンション群。そのマンションが30年以上たった現代ではスラム化への道をたどる可能性が高いというのです。

バブル期の平成元年に建てられた60～70平米のマンション。都内のマンションであれば2500万円から3000万円程度で売れる物件です。

しかし湯沢町のリゾートマンションになると、同じ築年数、平米であってもその金額は驚きの20万円ほどにもならないのです。インターネットで湯沢町のマンションで探してみると、10万円という物件も見つかりました。

第三者に売ることができなければ、「資産」ではなく「負債」となる可能性があるのがマンションです。バブル期のリゾートマンションの現状がまさにそれにあたります。毎年かかる固定資産税、毎月の高額な管理費、修繕積立金には終わりがなく、持っている限り

物件名	湯沢○○○		
価格	15万円	間取り	3LDK
販売戸数	1戸	総戸数	60戸
専有面積	56.42m2（登記）その他面積	その他面積	バルコニー面積：7.65m2
所在階/構造・階建	1階/SRC11階建	完成時期（築年数）	1990年1月
住所	新潟県南魚沼郡湯沢町	交通	ＪＲ上越新幹線　越後湯沢駅　バス5分

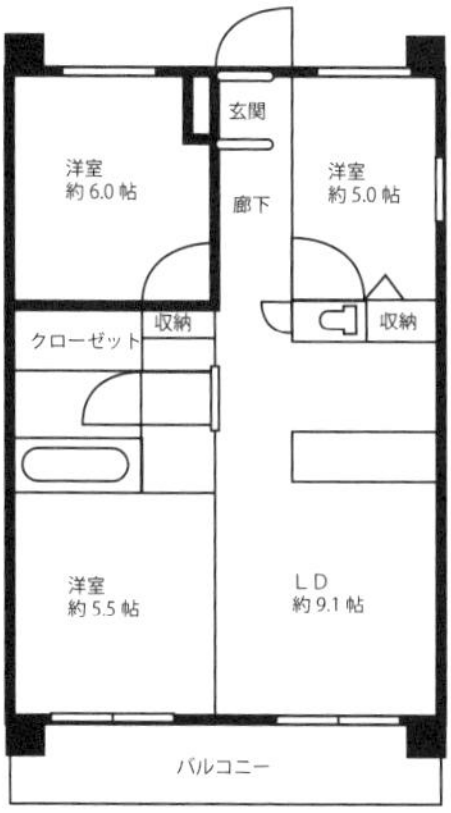

払い続けなければならないからです。

温泉付き、プール付きなど豪華なつくりとなっているリゾートマンションは管理費が3万円超と割高です。建物自体の価値は年月と共に減少し続け最終的には無価値同然になりますが、この高額な管理費は変わらないため中古マンションとしての価値は非常に低くなってしまうのです。

このような高額の管理費がかかるリゾートマンションはもはや無料でも引き取り手が見つかりにくい物件です。スキーをしなくなった所有者がマンションを利用するのは年に一回あるかないかだとか。

持っていることが負担となる所有者が、管理費、修繕積立金などを滞納することも増えているという現状。二束三文にもならないリゾートマンションオーナーは悲鳴を上げているのです。

かつて賑わったリゾートマンション群の今の閑散たる姿から、長崎県の軍艦島のマンションのようにスラム化、そして廃墟となる可能性がまったくないとは言い切れないのです。

◆参考
「雪国」湯沢町のリゾートマンションの地理学的分析著者　佐々木博
Geographical Analysis on Resort Mansions in〝Snow Country〟Yuzawa, Japan
http://hdl.handle.net/2241/00130001
出典：img5.blogs.yahoo.co.jp

12

不動産屋も恐れる「大島てる」って誰？

◉事故物件の情報をインターネットに公開しているが削除依頼には一切応じない

不動産に関わる人がひとつの情報サイトに注目しています。

事故物件サイト「大島てる」と呼ばれるもので地図に炎マークがついて、「事故物件」のある場所がわかるようになっているインターネットの無料サイトです。

地図上の炎のマークを押すと、住所（マンションなら部屋番号まで）、そこで何が起こったか、死因、事件の日付まで知ることができます。

試しに自分の住んでいるエリアを検索してみていただくと意外にある「炎のマーク」に驚かれることと思います。私も以前に自分の住まいのエリアを見たところ、自殺や刺殺などびっくりするような出来事がこんなにも身近にあったのだと知りました。

サイトを運営しているのは「大島てる」というインターネット関連会社です。

〝大島てる〟というのは大島さんを育ててくれた父方の祖母の名前で、大島さんの今の生き方に大きな影響を与えた人物だそうです。敬愛の念を込めてサイト名にも使っているのですね。

大島さんは東京大学を卒業後、アメリカコロンビア大学院で一年余り経済学を学び帰国。

家業であった不動産業を継いだことが、「事故物件と言ったらこの人」と言われる現在の「大島てる」の一歩でした。

「事故物件」と聞くと殺人や自殺、発見の遅れた孤独死などがあった物件だとイメージできますが、実際には明確に定義されているわけではありません。購入や賃貸するのに心理的に影響のある事件事故が起こった物件のことを総称して「事故物件」と呼んでいます。

告知義務には明確な法的規定がなく、これまでの判例をある程度の基準として、告知義務を負っている不動産屋ですが、その曖昧さを利用し勝手な解釈や姑息な手段で居住者に事情を伝えないまま貸し出す不動産屋も多いのです。

そのようなことが減るようにと、大島てる氏は事故物件を誰もが自分で知ることができるサイトを立ち上げました。

2005年の開設当初は事故物件の住所が羅列しているだけのシンプルなサイトで、誰にも認知されていなかったそうです。時間をかけて知名度をあげ、2011年には運営者が情報を収集して掲載する形から、一般の人からの投稿へと形を変え、扱う範囲も関東、日本全国、全世界へと大きく広がりをみせています。

過去の判例より、事故後の最初の入居者には告知義務があるとされているのですが、法令上の「明確な線引き」がないため、どこまで告知するかは大家や不動産屋次第になってしまっているのも事実。

告知するのも後からわかって損害賠償を請求されることを恐れるだけで、ばれないのなら何事もなかったかのように入居者を見つけ相場の値段で貸したい、売りたいというのが大家や不動産屋側の本音かもしれません。

過去にあった東京地裁の判決の一部だけが切り取られ、告知義務があるのは「次の入居者」まで。いつの間にか次に入居する人には告知する必要がないと考えられるようになりました。そのため借主を早く見つけようと、アルバイトを雇って短期間だけ事故物件に住まわせる不動産屋も出てくる始末。一度人が住めば、次の入居者にはもう告知しなくていいのではないかと、このような手口を使い告知をせずに貸し出し、または販売することもあるようです。

大島さんは借主が物件の情報を真実のまま受け取れることが必要として徹底的に住む人のためにサイトを運営されています。しかし、真実をありのままに公開していくサイトの存在は、それらを管理・所有している不動産屋、事故物件の事実を隠蔽したい大家からしたら目の上の巨大なたんこぶ。名誉棄損だとして大島てる氏が訴えられることもあるというのです。

独占手記『脅されても訴えられても私は、「大島てる」を続けます』によると、平成22年、横浜市のマンションで発生した死体遺棄事件に関連して、現場マンションの大家から「大島てるによる記事は事実無根で名誉棄損にあたる」として、横浜地方裁判所に民事提訴されました。裁判の結果、大島てる氏側の勝訴で幕を閉じました。

真実が表ざたにされることを恐れる悪徳業者や大家から脅しを受けることは数知れず、2017年の4月にはツイッター上でてる氏の殺害予告がなされ、大島てる氏のイベントはことごとく中止、ゲスト出演を断られるなどの被害も受けたそう。膨大な被害、それより単純に怖かったというてる氏。それでも警察に任せず自分で犯人に自首させようと働きかけていたというからやはりすごい行動力です。半年の節目にやっと警察から脅迫罪で逮捕しましたと連絡がきて、とりあえず一件落着。

命を狙われてそれでも屈せずに、一般消費者が自分で不動産を見つける際の正確な情報を提供すべく「大島てる」であることを止めない姿に勇気をもらえます。

(https://ironna.jp/article/8091)

◆「事故物件サイトを作った男の譲れない使命感」

http://news.livedoor.com/article/detail/14368888/

13

事故物件の告知しない方法のからくり

◉殺人・自殺・孤独死で告知しなくてもよくする手段があるの？

不動産屋が頭を抱える出来事のひとつに、取り扱っている物件で自殺・殺人・孤独死が起こってしまうことです。その部屋は当然のことながら一棟マンションの場合には全ての部屋を値下げしなければならない場合もあるからです。

近年増えている孤独死、自殺、殺人などが管理している物件で起こった場合、入居者に対していつまでどの範囲まで伝えるのか、事故物件に関する告知義務について明確なルールがない状況です。

事故物件として貸主が頭を悩ませ借主も踏みとどまってしまう順番は程度によるので一概に決められませんが、「殺人」「火事死」「自殺」「事故死」「孤独死」のあたりです。

不動産屋には心理的瑕疵の説明責任があります。快適な生活空間を確保できないと借主が判断するような出来事が起こった物件の場合、それを告知しないことは損害賠償を請求されることもあるのです。

殺人・自殺、事故死、自然死が起こった場合、どれくらいの期間までは告知義務があるのでしょうか。先ほども申しましたが、実は明確な基準がありません。借主からしてみても、「知らぬが仏」で知らないほうが幸せということもありますが、事件性のあるものの場合は特に後から耳に入ることもありますので、借りる側としては初めに知っておいて判断したいと思われるでしょう。

以前私が家族で部屋を探していた際、「こんな広くてきれいなマンションが、この値段」という物件を見つけました。内見させてもらうために、不動産屋の車に乗り込もうとすると「実はお伝えしなければならないことがあって」と切り出され、「お子さんがいるところではちょっと……」と場所を変えましょうと言われたときには、これはまずい物件だなとわかりました。

ひとり暮らしのお年寄りが孤独死され、半年後に見つかったという物件で、内見したところリフォームがしっかりされていて新築のようなクオリティです。事情を知らなければ10万という家賃の破格さに即決するような物件でした。

「もう2年以上前のことなので本当はお伝えする義務はないのですが」という言葉と共に、丁寧に物件を紹介してくれる不動産屋の営業マン。家族の意向もありその部屋を契約することはありませんでしたが、自然死ということもあり、賃料と広さ、リフォーム状態から借りることを考慮させられる物件でした。

このときの不動産屋が言った、「2年以上前なのでお伝えする義務はない」という言葉。はっきりした告知義務の規定がない中、なぜそのような明確な数字が出てきたのでしょうか。

　規定がないゆえに過去にあった判例が都合の良い解釈を付けて汎用され、いつの間にかそれが不動産業界の常識となっていることが非常に多くあるのですが、この「2年」という数字はまさにその一例といえるでしょう。

　以前、大都市のシングル向け物件で自殺があった裁判では、「本件自殺から2年程度経過すると瑕疵とは評価できず、他者に賃貸するにあたり告知義務を負わない」とされました。

　この判例が出た後「2年以上は瑕疵にならない」の部分だけが多用されています。この事件の場合は都市部のシングル物件と入れ替わりが多いことが考慮されての「2年」という数字だったわけですが、私が内見した際の物件は自殺ではなく自然死、ファミリータイプの物件、大都市からは少し外れたベットタウンと、判例とは条件がまるで異なります。

　しかしながら担当の不動産屋は「2年」の数字で告知判断をしていましたので、「2年経てば告知義務がない」という言葉だけがひとり歩きし、様々な事故物件において法律のように多用されていることが垣間見えた瞬間でした。

　過去の判例を参照にして抜け道を見つける不動産屋は多くいるもので、賃貸アパートで賃借人が自殺したという事案についての裁判では「何人目の入居者まで告知すべきか」という論点において「自殺住戸への最初の入居者には説明義務があるものの、その次の入居者には特段の事情がない限り告知する義務がない」との判断がなされました。

このような判決は大いに利用され、自殺後の初めての借主・買主とならぬように、自社の社員をいったん住まわせたり、親族にしばらく住まわせて告知義務を負わないように画策する不動産屋がいるのです。

様々な事案の判決を見ていきますと、不動産屋が瑕疵担保責任を問われるかどうか、その物件が心理的瑕疵の対象となるかどうかの要因は、
①時間的要因（どれだけ時間が経過しているか）
②場所的要因（部屋の中なのか、外なのかなど）
③目的物の現状（クリーニングがなされているか、離れなどであった場合は取り壊されているかなど）
④地域性ないし近隣住民の周知度、噂
この4つが判断の分かれ目となっているようです。

ですから自殺ではなく他殺の場合は、事件の凄惨性も高くなる可能性があるため、住民の周知度も高まって、その分、告知義務は強固なものになりますし、その告知すべき期間も伸びると考えられるでしょう。凄惨な殺人事件の場合には50年経っても告知義務があるという判決も実際にありました。

孤独死の場合、自然死や病死はそもそも事故物件にならず、余程でなければ告知義務は

ないと考えられるため、基準がさらに明確でなく曖昧にしていることもあるようです。
孤独死の物件の場合、告知がきちんとなされた上で家賃の減額サービスがある、丸ごとリフォームされた部屋、都心の近くで便利などの条件を気に入って入居されることも大いにあります。亡くなったときに見つけてくれる親族がいないのは寂しいかもしれませんが、誰にだって死は訪れるものだという認識がみなさんあるのかもしれません。

問題死と家賃の相関図（参考例）

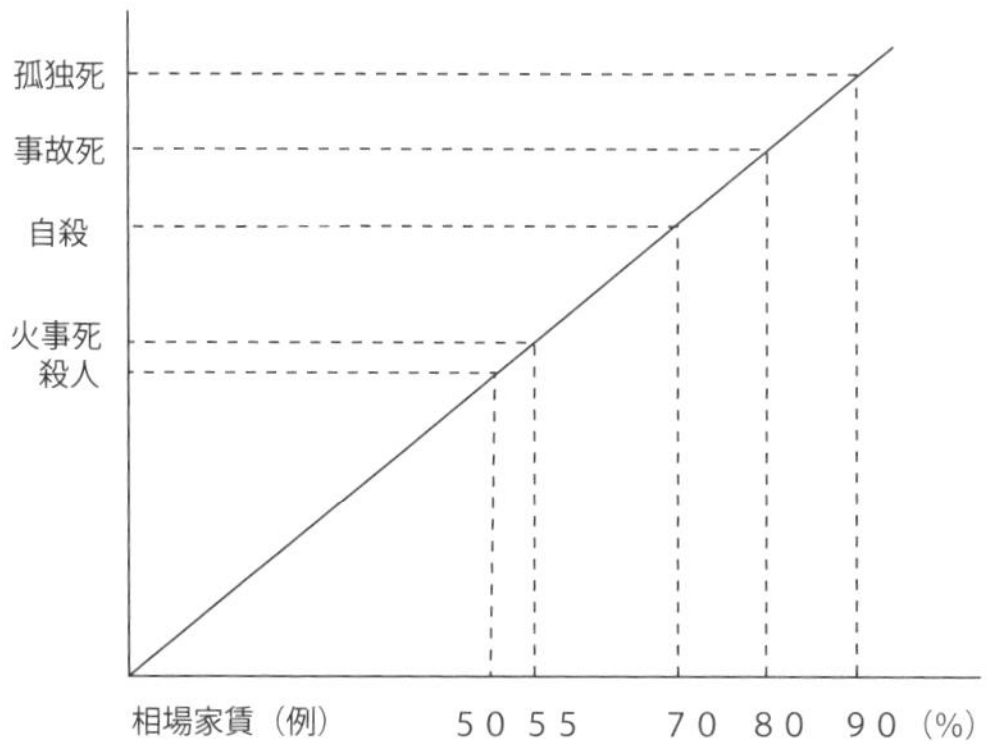

では、殺人・自殺、事故死など誰かが悲惨な状況で亡くなってしまった場合はどうでしょうか。そのマンションは誰も住みつかない廃墟となってしまうのでしょうか。
こんなとき、頭を抱えた大家さんの力になれるのは不動産屋です。人が離れていくマンションを潰さないようにできるかは不動産屋の腕にかかっています。もちろん、告知しないなど詐欺のようなやり方ではありません。
このような案件が来たときには、まず頭の中に縦軸と横軸を思い浮かべ賃料や売却額の算定を行います。ちょうど中学生のときに習った関数のY軸X軸のような図ですね。

殺人や事故死を下から並べ、その度合いを縦軸に、横軸にはリフォーム状態・家賃など入居者にとってプラスになる状況度合いを入れ、縦軸の値が低ければ横軸の値を動かして（家賃を相場の6割にするなど）、借主さんが見つかるベストな位置を見つけていくのです。殺人なら家賃×0・5にするとか、事故死なら部屋の解体とお祓いなど、借主さんにとって利点があるように丁寧なケアをしていけば入居者の方は見つかっていくものです。事実、ニュースになった殺人事件のあった物件もその後、入居する方がいらっしゃいまして当該物件はきちんと満室に近い状態を保っているものもあります。

起きてしまったことは変えられませんが、現状にきちんと向き合って対応していけば入居者、大家さん共に安堵するポイントを見出すことは不可能ではありません。

告知しないで済む方法はないかと思案するよりも、部屋を探しているお客様がいかに安心して住めるか、安心して貸し続けられるか考えあぐね、もうダメだと悩む大家さんに希望を提供するのも不動産屋にしかできない大切な仕事のひとつだと思います。

◆『楽待　不動産投資新聞』
事故物件の告知義務はいつ、どこまで？　曖昧なルールについて国交省に直撃！
https://www.rakumachi.jp/news/column/134059

14

昨今、大問題になっているサブリース契約のからくり

◉「30年間長期保証」の宣伝文句に巧妙に隠された手口

サブリース問題を考えるにあたって、そもそも「サブリースとは何か」から考えてみたいと思います。

サブリースとは端的にいうと、不動産屋が貸主の建てた賃貸住宅を長期で借り入れて、そのマンションが満室になった場合の賃料の90％ほどを毎月貸主に支払うしくみです。

例えば、サブリース会社が貸主から10室のマンションを各部屋月額9万円で借り入れたとします。これで「貸主」はマンションに空き部屋があろうがなかろうが月額90万円の安定した収入を確保できることになります（図を参照）。

次にサブリース会社は、各部屋を月額10万円で第三者（入居者）に賃貸します。これで満室であれば、サブリース会社は月額１００万円の売上げがあり、そのうちの90万円を貸主に支払って10万円の収益が出せるしくみになります。

貸主にとって空き部屋があっても収入が得られるこのしくみは、本来10万円で貸し出せる部屋を9万円にしても十分魅力的なものでした。空室が出たときのリフォーム代を負担

しなくてよいなどメリットがあるものとして不動産賃貸業になれていない多くのサラリーマン大家さんがこのしくみに飛びついたのです。

安定した収入が得られるしくみとしてブームになっていたサブリース。貸主にとって有利なように感じるサブリース契約の内容ですが、実際には「サブリースもどき」の契約をする不動産屋が増えて問題となっています。

貸主側はリスクが少ないと思って始めたサブリースでの賃貸経営、しかし蓋《ふた》を開けてみるとサブリースで借りている不動産屋はうまく賃貸の客付けができておらず空室が続いていたり、家賃低下といったことが進行しているケースもあるのです。

30年、35年の長期保証を約束しますといわれたサブリース契約。しかし新築と同じ家賃をいつまでも保障しているわけではありません。

契約書や広告をよく見てみると、オーナーが契約時には気がつかないような細かい条項のなかに「数年に1度、保証家賃の見直しを行う」等と書かれているのです。

新築から10年ほどは物件も新しく長期空室になるリスクは少ないといえます。問題は、建物の老朽化とともにこうしたリスクは顕在化されていき、そのときには「契約書にあった」と言って貸主に支払われる保証賃料が引き下げられる交渉が行われます。

また、契約時にメリットとして様々なサービスの提案がされたにもかかわらず、実際は「空室のリフォーム代はオーナー負担とさせていただきます」といった「特約」が契約書に記載されていたなど目を疑うような悪質な契約がなされているのです。

一括借り上げ契約とは別に月々の修繕費を賃料から差し引く形で徴収されていたにもかかわらず、物件に対して修繕・メンテナンスは一向に行われておらず、しびれを切らしたオーナー側が大手不動産会社を訴え訴訟となり、サブリースの問題点が浮き彫りにされました。

家具家電を一定期間使用後に新しい家電と交換するといった内容で契約し、やはりメンテナンス費用として月々差し引かれていたのにもかかわらず、実際には交換は一切されていなかったという争点での訴訟も起こるなど、サブリース型不動産屋に対する訴訟は様々なところで行われています。


空室があっても家賃の90％を保証する「家賃保証」。なんてオーナーに優しいしくみなんだろうと思うかもしれません。

空室が続けば、オーナーへ家賃保証している分、サブリース会社は赤字になってしまうのではと思われるかもしれません。

しかし、そもそも新築アパートや立地が駅近など良い場所では、適切な賃料であれば借りたい人は必ずいるものなのです。

空室の期間は、退去後1～2ヶ月くらいはあるでしょうが、その程度のものです。

空室期間が短いということは、サブリース会社はその部屋の家賃保証をする負担期間も短くて済みます。

しかし、その空室期間の家賃についても免責（借主のサブリース会社は貸主に賃料を支払いをしなくてよい期間）となっているオーナーに不利な契約も見受けられます。

サブリースの家賃の長期保証の実態で問題なのは、先にも述べたように築年数、アパートの空室状況や周りの相場の変化に合わせて「いつでも家賃を設定しなおすことができる」という契約書を交わしてしまっている点です。

10年目以降は2年ごとに家賃改定の更新をして保証賃料を下げ、不動産屋の利益が赤字となるのを防ぐのです。たった数年でこうした賃料値下げの交渉を迫られることもざらにありました。

サブリース契約を利用して不動産屋が儲かるためだけのしくみを作っている不動産屋も多く、訴訟が後を絶ちません。

また、サブリースは貸主が「一般の大家さん」に対して借主が「プロの不動産屋」であるにもかかわらず借地借家法により借主の「不動産屋が保護」されるというねじれた現象が起きています。

本来、借地借家法は立場上の「弱者」である「借主」を保護する法律なのですが、借主

サブリース契約の仕組み

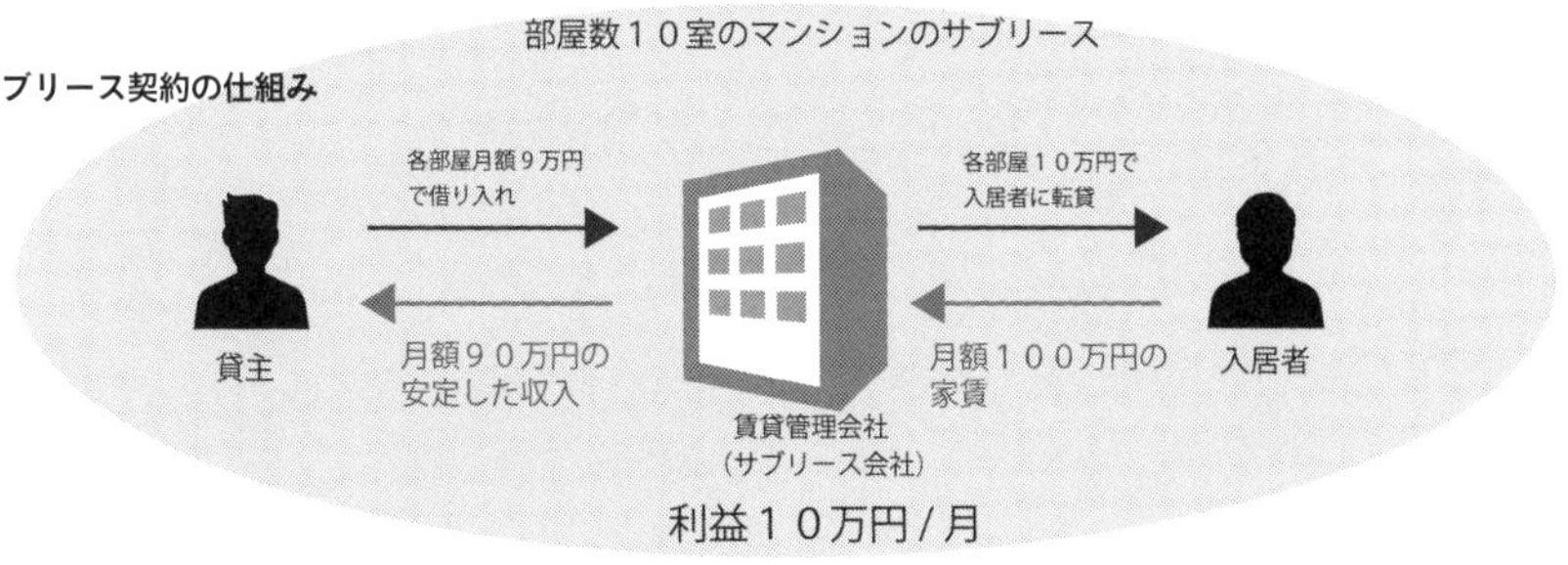

借地借家法を主張するサブリース会社

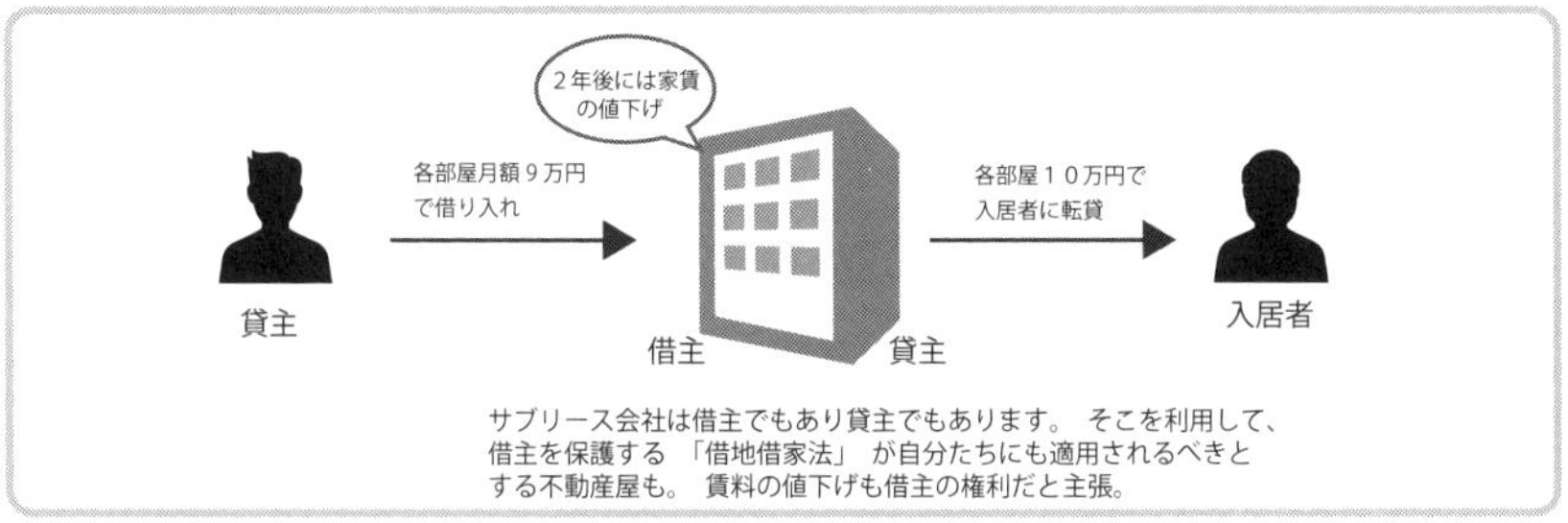

がプロの不動産屋でもそのまま適用されるため、賃料の減額交渉、立ち退きに関する点でもプロの不動産屋を保護する形になっているのです。

「管理をプロの不動産屋がやってくれる」「自分は何もしなくても賃料が入ってくる」という気持ちで不動産投資に走った方が大きく被害を受けている現状です。

リスクを他人に任せずに、自ら賃貸経営と向き合っていくしかないようです。

◆参考

元住宅営業マンがブログで伝えること

https://xn-r8jh5fzg6gti1b6g2b1425c2kb6q197d1ss0v1c.com/616.html#201121

https://incomlab.jp/sublease-1237

15

サブリース会社に家賃を持ち逃げされるオーナーたち

◉家賃の持ち逃げをする不動産屋とそのあとに残されるオーナーの末路

最近では、不動産屋がオーナーとサブリース契約をして、そのあとに直接入居者から不動産屋へ賃料が入るのをいいことに、オーナーへの支払いをせずに持ち逃げをしてしまう例もあります。

オーナーへ保証賃料の支払いを数ヶ月間分滞らせ、不動産屋を倒産させてしまうような、まるで計画倒産のような事態も起こっているのです。

もし現在、サブリース契約にもかかわらず不動産屋から保証賃料の入金が遅れているようでしたら、それは危険のシグナルです。すぐにサブリース会社を変更したほうがいいでしょう。

保証賃料の滞納が続いた後、倒産の一途をたどるケースは往々にしてあるのです。もし、保証賃料が未入金のまま不動産屋が倒産すれば、保証賃料を回収できなくなってしまいます。

保証賃料の滞納が続いたらすみやかに保証賃料不払いを理由にサブリース会社との契約を解除して、入居者にはサブリース会社との契約を解除したことを伝え、賃料を直接支払ってもらえるように対応することが大切です。

サブリース契約を結んでいる大家さんは、当初の契約で保証された一定額の家賃が必ず入ってくることを前提として、多額の借入をしてアパートやマンションを建てていることが多いので、その賃料から借入の返済や諸費用の支払いの予定を立てています。

そのため契約書に小さい文字で「2年に1度、保証家賃の見直しを行う」と書かれていた項目が履行され、早々に家賃が当初の契約より減額されたり、サブリース会社自体が倒産してしまったりした場合には、返済の予定が狂ってしまい、ローンの支払いが滞るなどの深刻な問題となります。

サブリース会社が倒産したような場合には「契約の解除」や「入居者との直接契約の手続き」など今まで任せっぱなしだった作業をオーナーが一気にすることとなります。そのような作業がスムーズに進まない中、住んでいる入居者は倒産したサブリース会社に賃料を支払い続けたり、どこに賃料を支払っていいのかわからずに支払いを保留する事態にもなりかねません。

入居者が賃料をすでに倒産するサブリース会社に払っていた場合には、オーナーはサブリース会社から取り戻すしかありませんが、倒産するサブリース会社から全額回収できる可能性は低いでしょう。

こうした状況が続くとオーナーには賃料が入って来ず、借入の返済が困難となり窮地に立たされることに。利益が出ないどころか、投入資本の回収もできず自らが破産の道をたどることにもなりかねません。

サブリース契約はリスクがなく、楽に儲かると安易に飛びつかず、

①賃料の下落を想定した収支のシュミレーションを確認する

家賃の下落以外にも入居率の変化、修繕の費用を織り込んだ計画を提示してもらうなど。

②賃料相場の確認

空室でも家賃保証があるからと手を抜かずに、本来の賃貸需要を見極める。

③サブリース会社の財務内容まで確認すること

長年つきあうことになるため、表面的な対応だけでなくその財務内容くらいまで確認する。

検討の際にはこれらの事項を意識してみてください。サブリースに関するトラブルが多発していることを受け、国交省は2018年3月サブリース契約時における注意点、サブリース契約の相談事例などをまとめた文章を公表しました。

契約書の内容が簡単に反故にされるような事態が横行している今、トラブルを防ぐには制度自体の見直しが必要となってきているのかもしれません。最悪な事態にならぬよう、やはり自らが関わり、きちんと情報を得て、判断していくことが大切です。

◆参考：国土交通省
http://www.mlit.go.jp/report/press/totikensangyo16_hh_000125.html
楽待　サブリースで失敗しない「4つの心得」
https://www.rakumachi.jp/news/column/222496/2

16

素人が知らない「縄伸び」でニンマリしている不動産屋

◉測量をしてみたら登記簿よりも土地が広いケースもよくある話

土地の測量がなされ、その面積が税評価の根拠となったのは、日本全国で測量とその収穫量調査した「検知」が大規模なものの始まりだと言われています。

その後、地租改正に端を発し、現在不動産の所有者などのあらゆる事項を記録しているのが「不動産登記事項証明書」（以下「登記簿」）と呼ばれるものです。

実はこの登記簿に記載されている面積、実際測量して出した面積とは異なることが多くあります。

登記簿に記載されていても、その面積は公に正しいと承認されたものではなく、むしろ公的に区画整理などなされた土地でない限り、実際の面積と記載されている面積が異なることもとても多いのです。

ここでは一体なぜそのようなことが起こるのか、その背景と「登記簿記載の面積と実際の面積が異なっていることにそもそも地主が気付いていない」ところに目を付けて一儲けを企む不動産屋のお話をしていきたいと思います。


実測面積が登記簿に記載されている面積より大きい場合を「縄伸び」といいます。

「縄伸び」は、検地のあった頃、租税負担を少しでも減らそうと実際よりも長めに目盛りをうった縄を使って測り、地積を少なく申告したことから来ています。

そのため、正確に測ってみると縄が伸びたような現象になるため皮肉も込めてこのような言い回しになったものと思われます。

測量によって多くの土地を持っていることが証明されることは、それだけ税金を多く払うことになりますので、地主にとっては喜ばしいものではありません。土地を「過少に見せて税金を安くしたい」というのは昔から地主の変わらぬ本音なのでしょう。

そのため、例えば本来は130坪の土地を申請上は120坪と10坪くらいの「過少申請」をしている場合があります。

地主は資金が必要になる度に、この土地を少しずつ分割して売却していったとして、数回にわたり分譲していく場合「分譲するほうの土地のみ」測量が正確に行われていきます

(現在ではこのような分筆する側のみを測量する手法はできません)。

30坪を3回にわたり売却した場合、実際は「130坪－90坪」で残りの土地は40坪あるにもかかわらず、登記上の残りは「120坪－90坪」の計算となり、30坪と登記上10坪少なくなっていることがあるのです。

登記簿に過少申請をしたこと自体を地主側は代々受け継いでいないので、自分の土地は登記簿の記載面積より広いことに気が付いていない方が多いのです。

そうした事情(実測と登記簿に差があること)を知っている不動産屋は、「縄伸び」の土地に目をつけます。

「縄伸び」している土地であることを知らない地主から土地を買い上げ、その際、契約書の内容に「測量はしなくてもよい」「後になって、面積にずれが生じたとわかっても清算はしない」との文面を入れておきます。すると地主である売主は「測量する費用が浮いてよかった」「後になって、面積が小さいからお金返してと言われない」と喜んで契約を結ぶのです。

不動産屋は売主が留守にしている隙に、ざっくりとした測量を掛けておいて、「縄伸び」の10坪分(先の例、実際は130坪の土地が登記上は120坪の土地の場合)得したとほくそえんでいるのです。

もし、その土地が坪単位で50万円の相場であれば、不動産屋は500万円を手に入れたのも同じです。なかなかの手口ですが、土地の面積を過少申請してきた地主にも責任はあるだろうといわんばかりの勢いで話をする不動産屋もいるのです。

この例では極端に10坪のずれとしましたので、10坪も違えば、地主が気づかないはずがないと思われるかもしれませんね。

では０・５坪（畳一枚の差）くらいならどうでしょうか。自分では気づけない誤差かもしれません。そんな少しの差なら損も得もないだろうと思われるでしょうか。

仮に都内の坪単価４００万円する土地であれば、０・５坪は２００万円。０・５坪広かったことに気がつかずに、不動産屋に良い条件で売ることができたと喜んで、実は２００万円の損をしているということもあり得る話なのです。

縄伸びに対して、登記面積より実際の面積のほうが小さい場合を「縄縮み」といいます。少しでも納める税を少なくしたいという背景から、土地面積を少なく申告する「縄伸び」が圧倒的に多く「縄縮み」は少ないようです。「縄縮み」が起こるのは測量誤差によるものが多いのでしょう。

先祖代々引き継いできた土地で、ちゃんと測量したことがないような土地は、こうした「縄伸び」「縄縮み」が存在している場合があります。

もし、ご自身が所有する土地が正確な測量をされていないようでしたら、お子さんお孫さんが相続する前に測量しておくことをお勧めします。

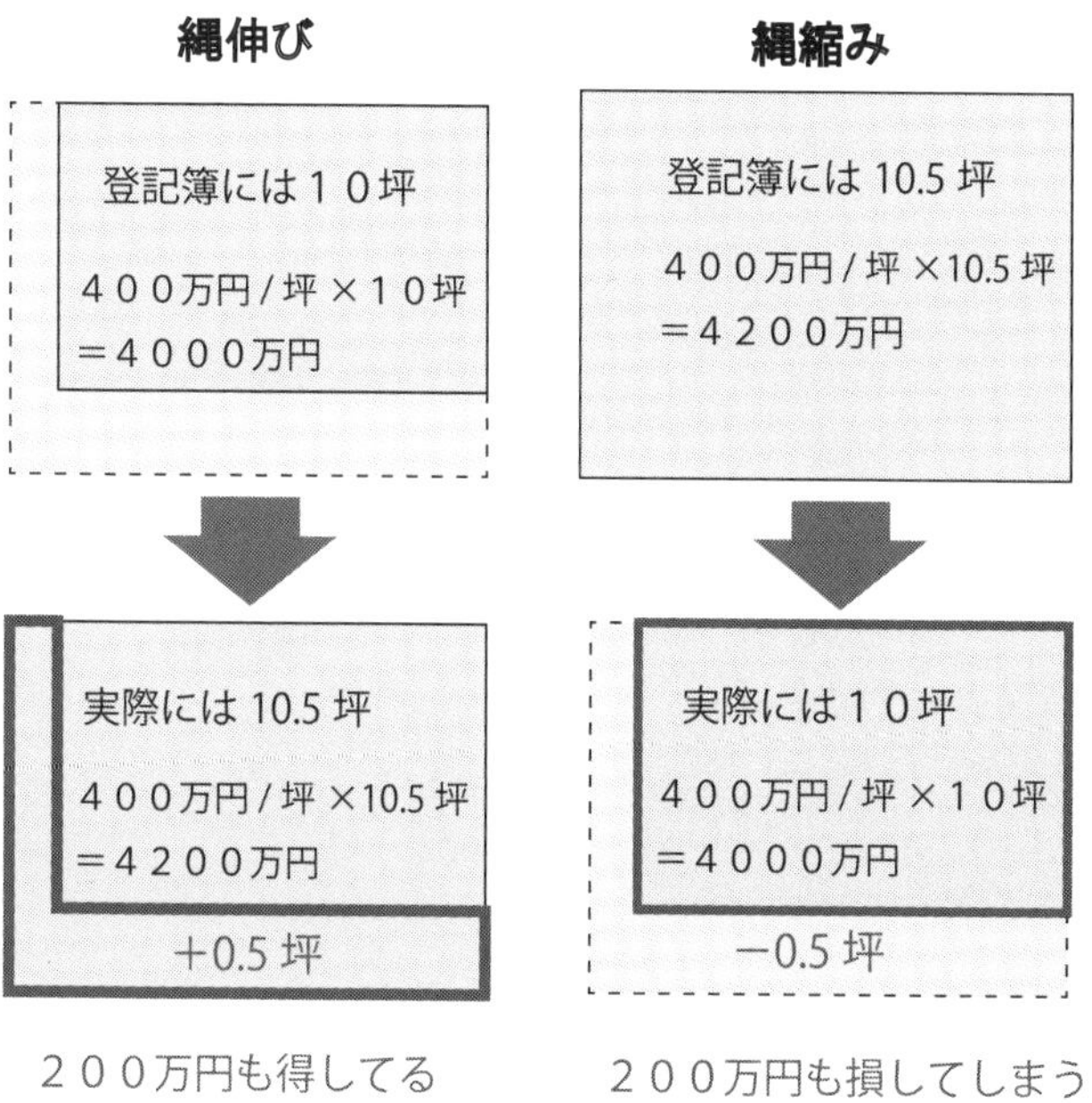
縄伸び
登記簿には１０坪
４００万円／坪 ×１０坪
＝４０００万円
実際には 10.5 坪
４００万円／坪 ×10.5 坪
＝４２００万円
＋0.5 坪
２００万円も得してる
縄縮み
登記簿には 10.5 坪
４００万円／坪 ×10.5 坪
＝４２００万円
実際には１０坪
４００万円／坪 ×１０坪
＝４０００万円
－0.5 坪
２００万円も損してしまう

残地求積

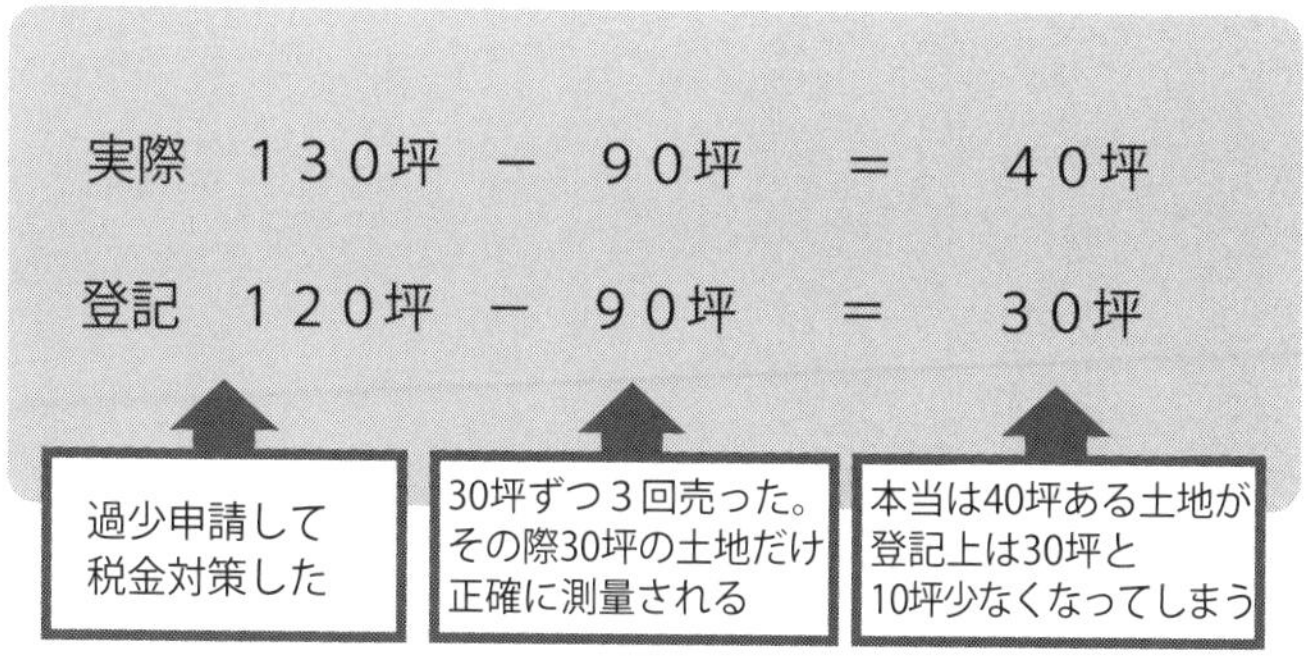
実際　１３０坪　－　９０坪　＝　４０坪
登記　１２０坪　－　９０坪　＝　３０坪
過少申請して
税金対策した
30坪ずつ３回売った。
その際30坪の土地だけ
正確に測量される
本当は40坪ある土地が
登記上は30坪と
10坪少なくなってしまう

先の例に挙げたように、坪単価の高い土地の場合、わずか0・5坪の誤差でも何百万という単位で財産が存在することになります。ご自身の描く相続対策も変わってくるかもしれません。また、相続後に売買のために測量して縄伸び・縄縮みが判明した場合、相続税を支払った後のお金で更正することになります。

生前に測量を行えば相続人に対して負担の軽減となりますし、面積が大きく異なることでの相続人間でのもめごとへの予防にもなります。

(https://reatips.info/nawanobi-nawatijimi/)

17

競売後の不動産に居座る「占有屋」って今もいる？

◉競売を妨害する怖い不動産屋も跋扈する世界だった

平成16年の民事執行法の改正によって現在では成り立たなくなりましたが、それ以前には競売時に執行妨害をする占有屋《せんゆうや》がいました。

小説や映画の中で聞いたことがある方もいらっしゃるでしょうか。一般には馴染みのない言葉です。

「占有屋」とは一体何をする人たちなのでしょうか。法律の向け穴を見つけ、悪用してい

がするのですから恐ろしい不動産屋がいるものです。

占有屋を調べていると「練馬区一家5人殺害事件」が出てきます。1983年、東京都練馬区において競売にかけられた家から、立ち退き料をつり上げたために占有し出て行かなかった一家全員を、買受人であった男が残忍なやり方で手にかけたという何とも惨い事件です。当時1歳、6歳、9歳と幼い子供たちまでもが命を奪われる大変いまわしい事件は、相手を困らせるやり方でお金を得ようとする人間の欲が、いかに人の恨みや憎しみを募らせるのか、目の当たりにさせられるものでした。

競売物件を購入しようとしても、落札して裁判所に代金を納めたにもかかわらず、その後さらに「占有屋」に立退料を払わなければならないのなら、そうした物件には怖くて手を出すことができません。

その結果、購入希望者がなかなか現れず、競売物件の価値をさらに下落させるという事態を招いていたのです。

占有屋排除の目的は「占有屋」の存在によって、妨害されている競売制度を本来の利用価値ある姿に戻すことでした。

本来は、持ち主が変わるたびに賃借して住んでいる人が退去しなくてもすむようにと「貸借人」を保護する制度である「短期賃貸借制度」。これを悪用し商売をしていたのが占有屋でした。そこには占有屋を雇って商売していた不動産屋もまた存在したというわけです。

法令の改正によりこうした占有屋の手口は使えなくなりました。法の目をかいくぐった悪徳商法が新たに出てこぬよう不動産屋も襟を正し、相談者の方にとって本当に力になれる弁護士等を紹介していかなければなりません。

18

怖い不動産屋の代名詞「地上げ屋」の仕事って？

◉印象は良くないが、実は地上げ屋こそ街の再生を図る請負人

「地上げ」にどのようなイメージをお持ちでしょうか？「地上げ屋」にはその土地に長年住んでいるお年寄りから恐喝まがいな行為で無理やり土地を取り上げるといった、ネガティブなイメージを持っていらっしゃる方が多くいるようです。

しかし、「地上げ」とは土地の価値を上げる人のことを指しています。不動産に関わっている人間からすると、この「地上げ」という仕事は難易度が非常に高い仕事の範疇に入るため、「やりがい」があるのはもちろん、金銭的な報酬も大きくかつ社会的価値のある仕事という認識があるのです。

では「地上げ」とは一体どのようなものなのでしょうか。

土地の価値を上げるとは何をすることなのでしょうか。

土地というのは、好立地な場所でも狭い土地ですと、使い道が少ないので坪単価の価格が安くなることが多くあります。地形が悪く敷地面積をうまく有効活用できないような土地、もともとひとつにまとまっていた土地を地主が切り売りしてしまったために不自然な袋地になってしまっているもの、接道義務を果たしていないため再建築不可となっている土地、そうした土地に至っては、価値は相場の半分にも満たない土地となる場合もあったりします。

しかし、そうした再建築ができない土地も隣りの土地と合わせて広い四面の土地にすることができれば、価値が相場通りになったり、マンション開発に適した土地となったりします。有効活用ができる形になった土地は価値あるものとして生き返ります。

そうして価値の低い土地を買い取っていき、まとまった一団の大きな土地にしていくのが地上げ屋と呼ばれる不動産屋なのです。

地上げ屋が自分のターゲットにしているエリア内の土地について、こつこつと時間をかけて部分的に買い取っていき、広くまとまった土地にすると、その土地は分譲マンションや商業施設のビル用地となり値段が一気に跳ね上がります。

大部分の土地がまとまりそうになったとき、飛び地的に残った土地の所有者に強引に迫って土地を売却させたということがバブル期にあったため、ヤクザまがいの仕事のように思われてしまうこともありました。

しかし、有効利用できる土地を何年もかけて整理していく「地上げ」の仕事は、土地の価値を上げる非常に価値のある仕事なのです。

「いつかは売却することがあるかもしれない」

「先祖代々住んできた土地なので手離すことはできない」

「高齢だからここで死なせてくれ」

地上げ屋はこうした、土地を手離すつもりのない地主さんの心をほぐし、信頼を得るために何度も何度も足を運び時間をかけて土地を売ってもらうのです。

それには幅広い知識と人間力が必要で、礼儀や言葉遣いがきちんとしていること、真面目な人間であること、その上で営業力もあることが求められます。


地上げは買い手から地主さんに「どうにか譲って欲しい」と願い出るわけですが、「お金はいくらでも払うので売ってください」などと最初からお金の話を出してしまうと話はまとまりません。一番にお金の話をしていては、地主さんの心を掴めるはずもないのです。

土地を譲っていただいた後の構想を伝え、それが街の再生にいかに役に立つことかを伝え続けて納得してもらって初めて地主さんの心を動かすことができるのです。地上げ屋はヤクザまがいどころか、はるかに高い人間性を要する仕事といえるでしょう。もちろん売主の無知に乗じて悪さをする方もいますので注意が必要です。

ここで「地上げ屋」の仕事のしくみをひとつご紹介します。

商業地域と指定されている場所（例えば銀座、新宿等）は商業を優先して発展させたい場所と行政が定めている場所になります。

商業施設の床面積をなるべく広くとれるようにと商業地域では容積率（土地に対する床面積の割合）を高く（５００％から７００％等）していることが多くあります。

７００％であれば１００㎡の土地に対して７００㎡の床面積を作って良いということになり、この容積率が高い土地ほど価値があるとして値段が決まってくるというわけです。

都内銀座は言わずと知れた商業地になります。たくさんのビルが立ち並び、どの場所もびっくりするような値段ですが、どこでも均一に高額なわけではありません。容積率は、その土地が道路に面しているかどうか、面している道路の幅はどれくらいかを含んで決められていますので、後のページの図のＣのような道路に面していない土地は同じ銀座といっても、Ａ、Ｂ、Ｄと比べるとその価格は格段に下がるわけです。

また、面している道路の幅が10ｍのＢ・Ｄのほうが４ｍのＡよりも容積率が高く、価値も高くなります。

さらにＢとＤではＢのほうが角地になりますので価値は高くなります。

そしてこのA～Dが一つの面になれば大きな土地が10mの前面道路を有する角地の商業用地として全体の価値はかなり上がるのです。

地上げ屋はそれぞれの土地の所有者みんなが最終的には「得をした」と納得して売ってくださるまで、不動産の知識をフルに用いて交渉し、容積率が低く価値が低い土地を高い容積率の土地に化けさせる仕事をしているのです。


今私たちが当たり前のように利用している商業施設も、それができあがる前には行政や住民との信頼関係を築きながら、長ければ10年単位の時間をかけて土地をまとめた地上げ屋の存在がありました。土地が新たな息吹を見せるために地上げ屋という仕事が少なからず携わっているのです。

もちろん地上げをする不動産屋がすべてよい仕事をしているとは限りません。これまでに紹介したような悪質な方法により土地を取得していく不動産屋もいますので、そのような地上げの対象地になってしまっている場合には適正な価値で購入してもらえるのかをきちんと見分けることが必要になります。

◆参考：不動産お役立ちブログ
https://katsuki-f.jp/blog/3801

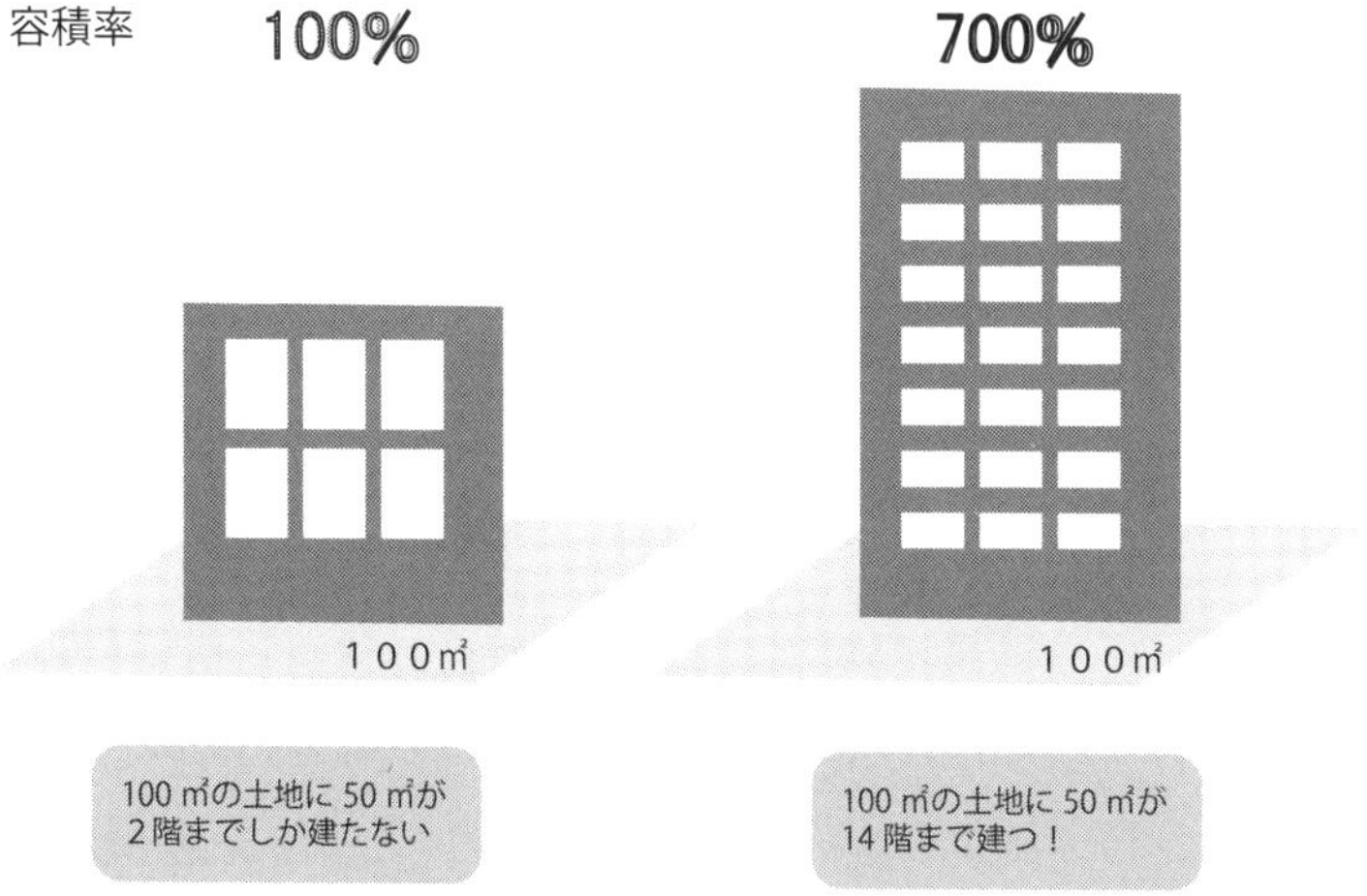

容積率
100%
700%
100㎡
100㎡
100㎡の土地に50㎡が
2階までしか建たない
100㎡の土地に50㎡が
14階まで建つ！

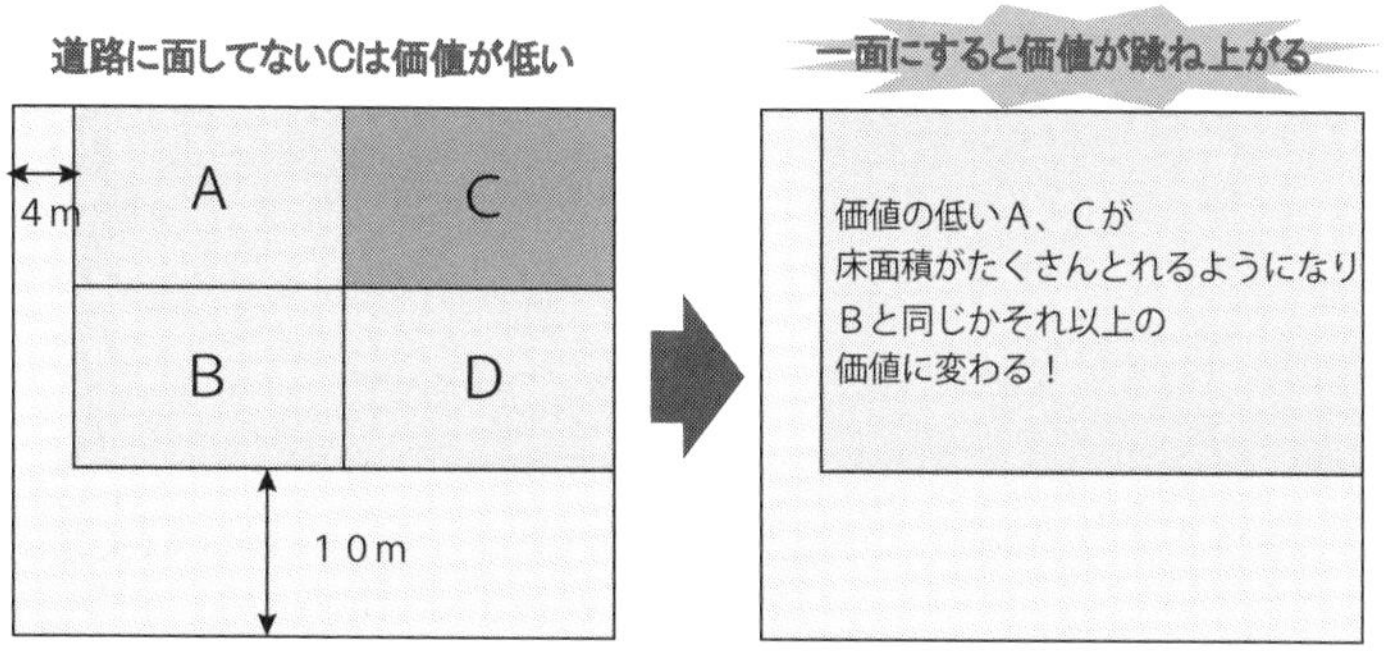

道路に面してないCは価値が低い

4m
10m
一面にすると価値が跳ね上がる
価値の低いA、Cが
床面積がたくさんとれるようになり
Bと同じかそれ以上の
価値に変わる！

価値の高い順

B ＞ D ＞ A ＞ C

角地 接道１０m | 接道１０m | 接道４m | 無接道

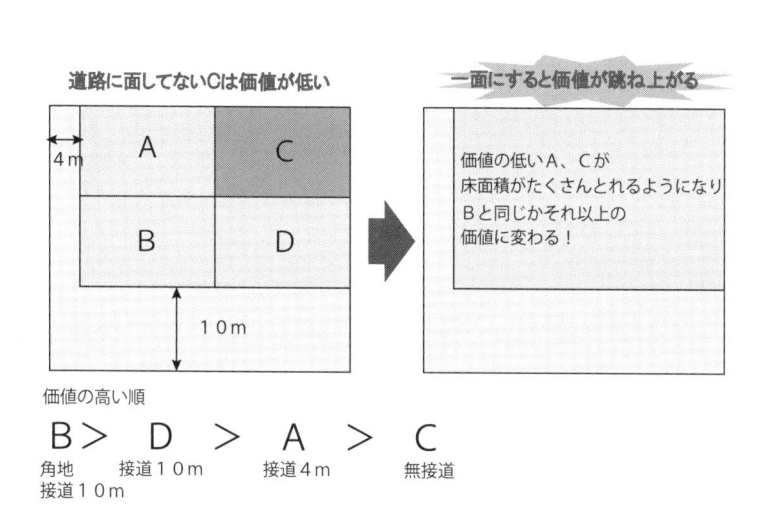

19

不動産屋も恐れる「地面師」ってどんな人達？

◉大手不動産屋でも騙される地面師の手口とは？

都内の立地が良くて坪単価が高いエリアには「地面師」と呼ばれる詐欺グループが存在します。

「地面師」とは「他人の土地を自分のものとして偽って第三者に売り渡す詐欺師」のことです。土地を買うために大金を振り込んだら、実は地面師だったということも……。

不動産のプロまで騙される、そんな事件が横行しているのです。

地面師たちは勝手に土地の所有者になりすまし、土地所有者の印鑑証明などの書類を偽造して契約を結び、買い手から大金を騙し取るのです。

手口には様々なパターンがあり、「手付金だけ」を狙う場合や「売買代金の数千万、数億円」単位を狙う詐欺もあるようです。

「手付金」の詐欺については、本人を装い契約をしてその際の「手付金だけ」を騙し取ります。

不動産の売買による決済（残金支払い、引き渡し、所有権移転登記）は、基本的に司法書士が厳しい本人確認のもとに行います。

しかし「契約」時には司法書士が立ち会わないため、「決済」時のような厳しい本人確認がないところに付け込んだ成りすまし犯が現れるのです。

成りすまし犯が土地の所有者だとすっかり信じ込まされた買主は手付金を支払ってしまうというわけです。

不動産の売買においては「契約日」と「決済日」を別に設けることが多いので、その慣習の盲点をついた犯罪といえます。

地面師が横行したのは終戦後や土地取引が非常に盛んであった１９９０年前後のバブル期でした。しかしながら近年、２０２０年の東京オリンピックを直近に控え土地の価格が上がっている都内において、またもや地面師が現れ始めているのです。

しかもその被害に遭っているのが不動産取引のプロであるマンション・ホテル開発業者といいますから驚きを隠せません。大きな額の取引を扱う不動産のプロを騙す詐欺ゆえに、その被害額は相当なものになっています。

地面師たちの偽造技術は精巧なもので、最近では３Ｄプリンターを使って実印も作ってしまうこともあるようです。そうして、取り揃えられた本人確認のためのパスポート等の証明書の数々と完璧に作り上げられたストーリー性のある話、所有者や所有者側の弁護士、間に入る司法書士などまでいて、疑う余地のない集団詐欺に不動産のプロも騙されてしまうのです。

偽の売主以外に、どこまでが共犯者なのかが判明しにくい構造になるのが特徴です。

このような詐欺が発生する背景にはマイナス金利政策などで金融機関はお金を貸さなければならない状態であること、さらに景気が上向いていることも重なって、居住用不動産はもとよりマンション投資ブームなどに拍車がかかっている状態が影響しています。

さらに、直近に控えた東京オリンピックの影響もあって不動産業界はマンション・ホテル用地探しに熱を入れている状態で、「すぐに買わないと他社に奪われてしまう」という心理が働くため、その焦りの心理を狙った地面師による詐欺が横行しているのです。

２０１７年8月、大手住宅メーカー「積水ハウス」が地面師事件に遭ったという驚きの発表を行いました。

東京五反田の一等地６００坪をめぐり、70億円の土地取引における事件。地面師には63億円が支払われてしまったというものです。所有者の知らない間に本人確認用の印鑑証明書、パスポートなどが偽造され、それを利用した犯人が高額の代金を受け取り行方をくらませたのです。

よくある地面師のやり方ですが、こういう類の犯罪の難しいところは、報酬を得た売主の成りすまし犯以外の共犯の関係者は、「私は善意でやっていたのに」「私も騙された」と被害者を装うこともあるため、地面師グループの全体像がつかめないことです。

確実な犯人は所有者に成りすました人間のみ。地面師グループにとって、顔がばれる成りすまし犯は重要な役割を負ってはいるものの、所詮は使い捨てで、成りすまし犯に支払われるのはこのように億を騙し取った場合でも数百万円からとそんなに高い報酬ではないそうです。

このような大きな金額の事件を見ていると、地面師は資産のある人だけを狙うのだろうから自分には縁がないことだと思う方がいらっしゃるかもしれません。しかし、地面師グループは、場所が良ければ一戸建てや空き地も狙います。

自分の持ち家でなく、実家が狙われるということもあります。

また、空き家になっていたり、年老いた母親が一人で住んでいて、息子たちが訪ねていくことが少ないとなると、ますます狙われる可能性もあるでしょう。

積水ハウスなど大手不動産屋の巨額事件などが相次ぎ、捜査当局にも情報が蓄積されたため、摘発件数は増えてきています。しかしながらまだまだ氷山の一角。未解決の事件が山積されていそうです。

地面師から狙われやすい物件はというと「抵当権が付いていない」「高齢者の単独所有」「空き家」の物件です。

抵当権が付いていると、それを外すのに抵当権者である金融機関と交渉することになりますので、成りすましであることがばれる可能性が高くなってしまうからです。高齢の土地所有者はかっこうの餌食です。

ご高齢の所有者は判断能力が低下していたり、施設に入ってしまっていることもあり、勝手に売買されていてもそれに気づく確率が低くなります。騙すために買い手に物件を見せることは大きく信用を得られる手段ですので、空き家は地面師にとって利用価値のある物件というわけです。

決して他人事《ひとごと》ではない地面師の世界。ここに書かれた範囲でも、心当たりのある不動産があったとしたら、現地を確認しに行くこと、登記簿謄本を定期的に取得するなどをお勧めします。

地面師を防ぐ方法として、決済引き渡し時の「言動」に注意をしている不動産屋や司法

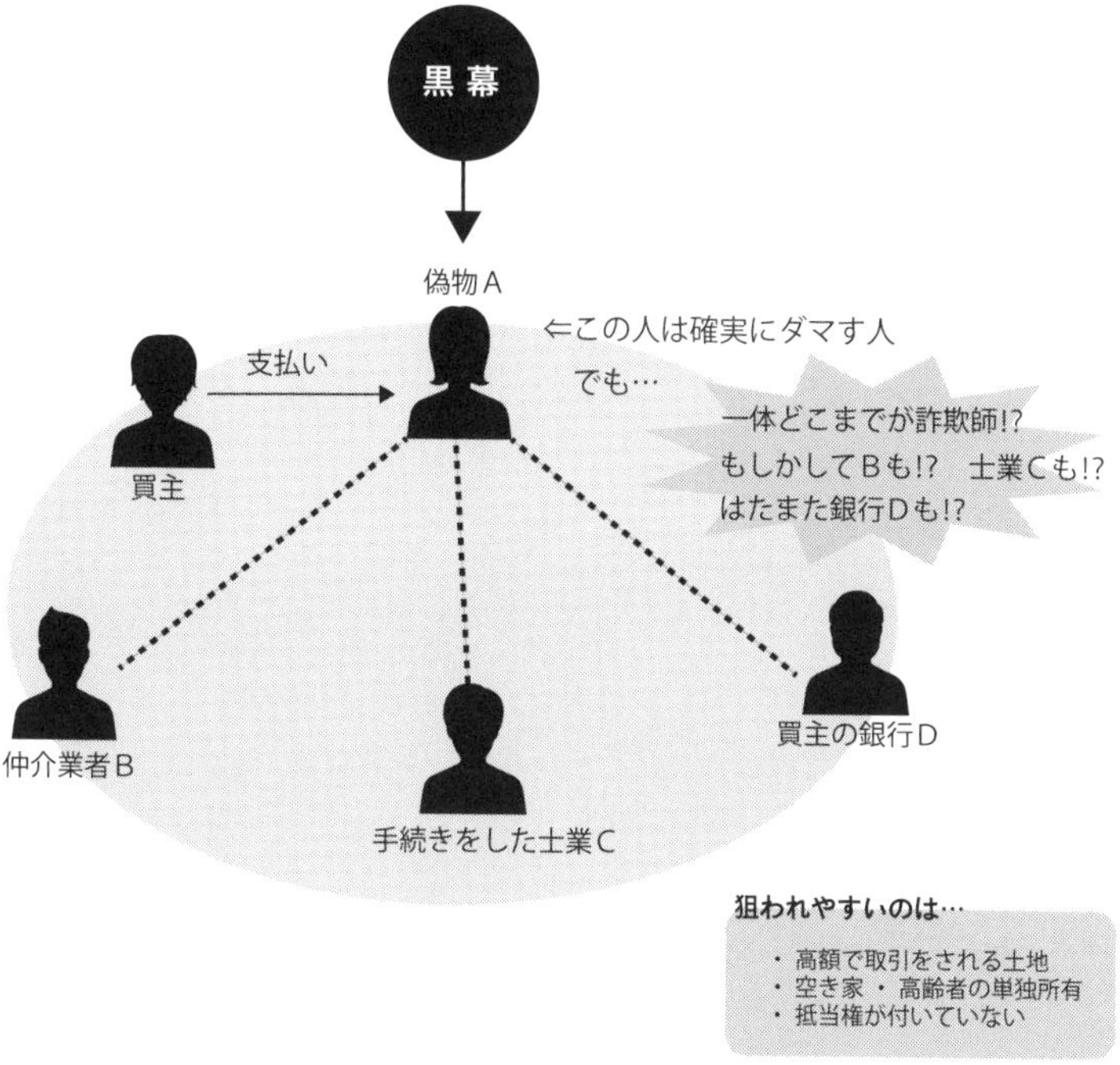
黒幕
偽物A
⇐この人は確実にダマす人
でも…
支払い
買主
一体どこまでが詐欺師!?
もしかしてBも!?　士業Cも!?
はたまた銀行Dも!?
仲介業者B
手続きをした士業C
買主の銀行D
狙われやすいのは…
・高額で取引をされる土地
・空き家 ・ 高齢者の単独所有
・抵当権が付いていない

書士もいます。決済とは銀行等の金融機関などで関係者が一堂に会して手続きを進めるのですが、その際に怪しいと感じている相手方へ何気ない質問をしてその挙動が明らかにおかしいときには決済を中止するそうです。

しかしながら、決済をするために相当な労力を費やしている関係者からするとなんとか無事に決済を終わらせたい一心になってしまい、その焦りから怪しいかどうか疑う余裕がないのが実情で、地面師たちはそのような心理状態も知ったうえで詐欺を仕掛けてきているとか。

プロをも騙す地面師集団。その

実態は明らかにされにくいのです。

◆参考
あなたの実家も無縁ではない？「地面師」犯罪の実態
https://moneyforward.com/media/life/46960/
地面師詐欺事件に学ぶ、大家さんの自衛対策
https://tate-maga.tateru.co/real-estate-investment/171014/
積水ハウスから63億円をだまし取った「地面師」の恐るべき手口
http://gendai.ismedia.jp/articles/-/52480?page=3

20

結婚適齢期の女性を狙うデート商法の実態

◉「売れないならデートしてでも売買契約とってこい！」の怖い世界

デート商法とは「恋愛感情」を利用して高額商品を売りつける悪質な商法です。

古くは新興宗教への勧誘や、客観的に価値を評価することが難しい絵画や宝石などの売り込みにおいて使われる方法でした。恋愛感情を利用して高額なサービスや商品を買わせるこのやり方が、不動産業界でも行われているのです。

最近のデート商法は出会い系サイト、婚活サイト、SNSを経由しての始まりとなることが多いようです。最初はSNSや電話をし、まめな連絡で信用させて警戒心を解いて、会う段階になったらデート気分を味合わせます。場合によっては婚約や結婚をほのめかせる典型的な詐欺の手口です。巧みな言葉で警戒心を解かせ、恋愛気分にさせて信用を勝ち取ったら勧誘は勧誘と思われずに進みます。

「今買っておくと値上がりするよ。2人の将来のために資産も運用していこう」などと言われたら警戒するどころか、将来まで見据えた話にますます信用してしまうでしょう。

典型的詐欺と思われるデート商法ですが、最近では女性投資家が多くなってきたため、被害に遭う方が増えてきました。

契約後、クーリング・オフの期間中は解約されないように頻繁に連絡をするのですが、この期間が過ぎるとぱったりと連絡が来なくなり、そこで初めて被害者は始めから騙されていたことに気がつくのです。

近年、婚活サイトの利用が活発になっていることも「デート商法」をさせやすくしている大きな要因です。

婚活では年収や年齢、職業などの情報が容易く知れるため悪徳な業者からは狙いが付けやすいのです。そこでは初めから結婚を視野に入れた方が集いますので、「今度会いませんか」というデートの誘いがごく自然なこととして受け入れられます。

将来設計の話をするのも、むしろきちんと考えている人だという好印象さえもたらしてしまうことになります。その不動産営業マンに好意を持っていれば、生涯年収や保険の話も怪しまずに聞いてしまう人もいるでしょう。

しかも騙されたという場合も、投資不動産の購入勧誘行為が必ずしも違法となるわけではないのです。違法性が認められるのは個別のケースによるものであり、なかなか違法行為としての追及が簡単にはいかないようです。

特にこうした悪質な営業マンは明確な言葉もなく、男女の仲に至らずとも好意があるようにみせることができるので、被害者からするとデート商法で騙されてはいるものの、はたから見ると騙されたという確証がなく証明することが難しいのです。

営業マンたちはそのラインをわかった上で計画的に行うわけですから、悪質極まりない手口と言えます。

「婚活サイトなどを通じたデート商法によってマンションを購入した」という相談は2009年度以降85件（2013年末まで）で、毎年倍以上のペースで増えています。

性別では、女性が男性の2倍以上となっており、全体の7割が30代〜40代の女性だそうです。年齢、性別を鑑みてやはり婚活をしてパートナーを真剣に探している女性を狙って詐欺が行われているのではと推測されます。

狙われるのは安定した収入のある会社員の女性たち。大手企業に長年勤務している方や公務員はなおさらで、「ローンの審査が通りやすい」ことが最たる理由です。

国民生活センターに寄せられた事例には、

「婚活サイトで知り合った投資コンサルタントの男性を信じ、投資用マンションを契約。契約書にサインし、男性と売主不動産屋と3人で銀行へ行き、融資の手続きをしたが、その後、男性と会えていない」

「婚活サイトで知り合った男性を信じて〝将来のために〟とマンションを購入したとたん、連絡が途絶えた。売却を考えたものの市場価値は半値だった」

国民生活センター（http://www.kokusen.go.jp/pdf/n-20140123_2.pdf）からは、「婚活サイトなどで知り合った相手から勧誘される投資用マンション販売に注意！」「ハンコを押す相手は信ジラレマスカ？」などの注意喚起がなされていますが、実際に30代女性の被害報告は後を絶ちません。

不動産投資など考えたこともない女性に「将来の資金になるよ」「管理は会社に任せれ

ば簡単にできる」「節税にもなる」と不安を緩和する話しぶりでその気にさせていくのです。男性を信じて契約。しかし、契約後数日後、男性とは連絡がとれなくなるパターンなのです。

不動産投資でのデート商法の問題点は、

①契約金額が大きいため、経済的負担も大きいこと。また、金銭のことだけでなく、手口に気づいた後の精神的なダメージも大きいこと。

②婚活サイトに入り込み、年齢や収入、趣味などからの消費傾向を十分に把握したうえで、それに合わせた売り込みをかけてくること（契約に至る可能性が高い）。

③恋愛感情や結婚への期待などから発覚が遅れがちであり、クーリング・オフなどを用いた契約解除が困難なこと。

デート商法は詐欺の手口です。そのような不動産屋がいるのは恥ずかしい話ですが、婚活などで出会った人からの、目的からそれた不動産投資などの執拗なアプローチにはどうぞご注意ください。

◆参考：日テレニュース24
http://www.news24.jp/articles/2014/05/08/07250709.html

21

営業マンがしている結婚指輪は本物か？

◉購入者の心理をうまくついたテクニックのひとつ

ここまでいくつかの悪質な不動産屋とその手口について書いてきましたので、不動産屋は儲けのためなら何でもするとんでもない連中で信用ならない人種だと思われてしまったかもしれません。

事実そうした悪質な不動産屋がいる世界のため、不動産屋の地位は一般的にかなり低くとらえられています。

しかし信用ならない不動産屋が多いからこそ、まともに「信用される」仕事をしていけば、そのような誠実な不動産屋はそれだけで差別化を図ることができると思うのです。

実際、そういうまともな仕事をしている人の多くは「ご紹介」によるもので、周りに信頼できる不動産屋がいないために〝つて〟を頼って相談が持ち込まれてきます。

相談者の中には、相談した別の不動産屋にまた騙されたと嘆きながらやってくることもあるほどで、ここまでされると不動産屋どころか人間不信になりそうな状態で相談にきたりします。

同じ業界にいる身としては嘆かわしいですが、そのような業界であればあるほど、信頼を得られるよう真摯に対応していれば、自ずと仕事は増えていくものだと思っています。

これが悪質な行為なのかの判断はお任せしますが、例えば実際に結婚をしていない営業マンが結婚指輪を付けていることがあります。これはお客様からの信用を得たいがための手法として以前はよく見かけました。

マンションを購入しようというお客様はお子さんがいるファミリーであることが多いので、指輪をしていることで、お客様はこの営業マンは結婚していて同じように家族がいるならば同じ目線で話ができるのではないかと勝手に判断してくれるのです。

当時は結婚していない若手までが指輪をしてマンション販売をしているのを知って驚きを隠せませんでした。デート商法のような詐欺ではありませんが、嘘をつくことになりますから気持ちのよいやり方ではありません。

しかしこれもまたお客様との「信頼」を構築するための手段のひとつと考えたようです。営業マンはお客様の「信頼」を得るためにと必死なのでした。

お客様と近い家庭環境にあるというのは、やはり会話が弾む大きな要因です。お客様と共通点があれば、自分の家族関係を持ち出して、その比較からヒアリングをしつつ潜在的な要望を聞き出していくこともあります。例えば、

「我が家は共働きで子供もいるので、帰り路に寄れるスーパーがあることを重視して今の家を決めました」

「子供に学校を転校させるのはかわいそうなので、このエリアに絞って引っ越ししたんですよ」

「家内は専業主婦で家のことをほとんどしてくれるので、決め手は家内が気に入るかどうかでしたね」

などと、マンション購入というこれまでに経験をしたことがない中で判断しなければならないお客様に対して、自分を引き合いに出し会話を弾ませ「何を優先的に考えているのか？」を聞き出すのです。

そうして要望に近い物件が紹介できればお客様は「この人わかってくれる」と営業マンへの「信用」は高まります。

うまい営業マンはとにかく相手の要望を聞き出すのが上手なのです。

「にせものの結婚指輪」のようなずるい方法で本当の信頼を得られるかは定かではありませんが、不動産屋にとってそれほど「信頼」を得ることが大事かつ難しく、「信用」されるためになんとか会話を続けたり、情報を聞き出す糸口はないかと必死になっているというわけです。

22

「おとり広告」からお金に変える錬金術の実態

◉嘘までついて悪徳不動産屋は結局どうしたいのか？

広告上では優良な物件に見えても、実際に現地へ行くとマイナス要素が多々見つかる物件があります。

「○○駅から徒歩４分、１ＬＤＫで家賃８万円。敷金礼金ゼロ！」そんな条件の良すぎる物件広告を目にしたことはありませんか。

大きな駅から比較的近いのに、相場から見てもだいぶ安い賃料であったり、好立地であるにもかかわらず敷金礼金ゼロにして目を引く物件。これはいいと､実際に確認すると「すでに成約済み」と回答が返ってきたのに、それでもその広告が掲載され続けているようなケースがあります。

こうした広告はお客様の目を引くための「おとり広告」と呼ばれるものです。

事故物件などの「訳あり」でもない限り、価格や賃料は相場から大きくは下がらないのが通常のはずです。広告の中でも特に注目される「価格」と「立地条件」を表わす数字の書かれたものは「おとり広告」の可能性が高いようです。

では一体何のために不動産屋は「おとり広告」を店頭へ張り出すのでしょうか。

それは不動産屋が一番欲しい契約の成約率を上げるためです。

成約率を上げるには、まずはお客様から連絡をもらったり、来店してもらわなければならないので、目を引く物件を掲載し呼び込むのです。

掲載を見て連絡してきたお客様に「実はその物件はもう満室になってしまいました」と言って、「こちらでしたらご紹介できます」と他の物件に誘導していくのが目的なのです。

「おとり広告」にはいくつかのパターンがあります。

①実際とは違う情報(駅からの時間・部屋数)・そもそも実在しない物件(実在しない住所)
②最初から値引きすることをにらんで高めにつけられている値段
③実在はするが最初から取引する意思がなく家賃を相場よりも安く表示している物件
④実在するが既に成約済みの物件
などが挙げられます。

①の例:不動産の広告では駅からなどの距離80mを1分と換算してよいことになっていますが、対象物件と最寄り駅を表示する際にこの時間を数分ごまかすなどしているケースがあります。

部屋数のごまかしもよく見られました。3LDK+S（収納庫）を4LDKと表記するのです。これは4LDKのほうが値段を高く表示できるからです。

本来、広告のルールでは窓のない部屋などは居室として認められませんので、収納庫を居室とは表示できないのですが、こうしたごまかしが未だ行われていることもあります。実在しない物件というのはおとりもいいところです。

②の例：初めから値引きされるのがわかっていて、2800万円で販売する予定の物件が2980万円と掲載されており、「値引き交渉しますね」「180万円値引いてもらえました！」と買主にお得感を持たせるやり方です。

③の例：よくあるパターンは「隣に怖い人が住んでいます」「前に住んでいた方が亡くなりました」などと嘘を繰り返して違う物件を紹介するものです。例えば、不動産屋が物件を借り上げて、家賃を払い続けながらも貸す意思はなく、安い賃料の掲載をし続けた事例もあります。

④の例：成約済みの優良物件をあえて何年も掲載している不動産屋もあるのです。

あまりにも条件のよい掘り出し物の物件があったら「おとり広告」を疑ってよいかと思われます。問い合わせた際に「実はこちらは……」の言葉が出たら「おとり広告」の可能性はあるのかもしれません。

そのような不動産屋はおとり広告を餌にして、顧客を惹きつけ最終的には違う物件の成約を結ばせるのです。

こうした「おとり広告」に引っかからないためには、ネットを使って周囲の物件の相場をまず自分で調べてみること。

周囲の物件と比べてあまりにもいい条件の物件広告がいつまでも掲示されていたら、まず「おとり広告」ではないのかと疑って不動産屋を選ぶこと。

問い合わせに対して「成約済みです」「ほかの物件の方が……」といった「おとり広告」を臭わせる説明が出てきたら、違う物件への執拗な紹介から身を守ることが大切です。

「おとり物件」の確認をするには一般の方ではかなり労力がいりますので、おかしいなと思ったら他の不動産屋にも確認してみることです。これは不動産を判断する方法のひとつです。

◆参考

相場より明らかに優良すぎる物件に注意!　不動産おとり広告の事例と対処

https://www.homes.co.jp/cont/press/rent/rent_00047/

23

投資用不動産の物件は「見せずに売る」のが常識？

◉買って初めて物件に入ってみると目の高さに高速道路があった！

近年、低金利と年金制度への不安の波を受けて、将来不安から不動産投資に拍車がかかっていることについてはこれまでにもお伝えした通りです。不動産投資というと資産家の人がするものというイメージがあるかもしれませんが、最近増えているのはサラリーマン投資家です。

投資用ワンルームマンションなどへの不動産投資で、「不労所得が得られる」「資産形成が簡単にできる」という言葉に惹かれて投資を始めるサラリーマンが多いのです。

サラリーマン投資家は本業での安定した収入が見込まれることから、金融機関から不動産投資に関する融資が受けやすいことも、素人ながらに高額な投資に踏み出しやすい理由のひとつになります。

所有した不動産を第三者に貸して家賃収入で利益を得るインカムゲイン方式を勧められ、「将来のための預金になりますよ」「生命保険代わりになりますよ」「年金制度は崩壊しますよ」などの言葉に誘われてあっという間に契約に至る。そんなサラリーマン投資家が増えているのです。

サラリーマンの場合、細かく値動きを確認しないとならないFXや株式取引を仕事しながら行うのは難しいのが実情です。

それに比べて物件の管理、入居者の管理など多くの業務を管理会社に委託することができる不動産投資は、「ほとんど管理の手間はかからないなら自分にもできる投資方法なのでは？」と思ってしまうのです。また、安定した収益を約束しますというサブリースも投資を魅力的に見せる要因のひとつであると言えます。

メリットの提案と同時に将来の不安を煽る巧みなセールストークによって契約を結ばせてしまう不動産屋。そうして勧められるがままに契約する投資家は、現地を見ないで契約に至ることが往々にしてあります。

契約をした後に行ってみたら、借り手が見つからないのも当たり前の物件で、結局ずっと空室のまま、ローンが支払えなくなるということもあります。そのような判断をする材料もないままに契約してしまう状態にある方々をこれまで多く見てきました。

あるとき相談に来られたお客様もまた、物件を見ずに購入してしまったとのことでした。

「うちの扱っている区分マンションは立地が良く空室率も低いし、そもそも今は入居者がいるので見られないので、現地に行く必要もないのです」と説明されて物件を見ずに購入してしまったそうです。

さらにその契約は、売主指定の不動産屋がサブリースとして借主になる契約なのですが、空室が出た場合には数ヶ月の空室期間は免責（サブリース会社からオーナーへの家賃の支払いがない）というものでした。

相談されたその足で空室になったばかりの部屋を見に行くと、そこは窓の目の高さに「高速道路」があり、そのため車のライトは部屋に入ってくるし、騒音は二重サッシになっているとはいえ、それなりにうるさい部屋。やはり数ヶ月空室になるのも仕方ないといえるような部屋でした。

これは、不動産屋が現地を見せずに、図面上で説明をし、デメリットは書類に小さい文字で書きこみ、説明したことにして販売したのだと思われます。このひどいやり方には憤りを覚えましたが、そんなことを言っている場合ではなく、目の前のお客様が空室期間のローンが払えない状態に陥ってしまっていましたので、即刻サブリース契約を解除し適正な値段で売却する方針に変更しました。

素人に問題ある物件を売りつけ、サブリースで利ザヤを抜き、空室期間は保証しないというなんとも消費者に不利な方法をとっていたのでした。

サラリーマン投資家以外にも、こうした手口で結果的には負債となる不動産を購入させられる人たちがいます。

不動産屋の営業マンに狙われやすい職業は医者、地方の会社員、公務員などで、やはり年金不安や節税になるなどの口車に乗せられて投資をすることを決めてしまいます。このような職種の方は普段の仕事が忙しすぎるためにあれこれ投資の手続きなど考えるのが億劫になりプロに任せようと、それこそ物件など見もせずに決めてしまうのです。

ところがいざ蓋《ふた》を開けてみたら、節税になるどころか大きな損失を招く事態へ。このような物件を複数購入した後、しばらく経ってからなんらかの理由で売却する際には、結局は安くなり、返済に不足する分の金額を自己で補填することになってしまいます。

社会的地位の高い不動産投資家に金融機関が積極的に融資をしている時期には、なんと3億円の一棟物件を見ることなく購入させられた方もいらっしゃいました。

その3億の物件を見に行くと、夏場でもあり悪臭がひどく、空室のほとんどが賃貸に出せる状態ではありませんでした。

このような物件をサブリース契約で毎月一定の収入があり、銀行に返済しても手元に10万円が残りますので「お買い得ですよ」との誘い文句に購入させられてしまったのでした。

しかしそんなひどい物件ですので、空室は増え、サブリース会社は賃料をオーナーに支払えるはずもなく、家賃収入がない以上金融機関への支払いも滞り、相談者はやむなく物件を競売にかけなければならない状況に陥りました。

見せずに売る、見ずに買う、そんな「冗談」みたいな話が不動産投資ブームの影に存在しています。

所有することで負債を背負い続け苦しんでいる方が多くいる今、相談に乗ってあげられる不動産屋が一人でも多くいることが必要です。

24 資金がないのに「不動産買取ります」という意図は？

◉他人の資金で不動産取引をする不動産屋（第三者のための特約付き契約）

不動産取引において、不動産の所有がA→B→Cと移転したときには「登記簿」も同じようにその過程を正確に反映させます。通常このような取引が行われた際にはA→Bへ、B→Cへと移転登記が必要になります。

しかしAとBの契約で、Bが「第三者であるCのために不動産を買う」という契約を結んでいると不動産はBを経由しているのですが、事実上A→Cに移転したことになり、それに合わせて所有権移転登記もA→Cとする「中間省略登記」が可能となります。真ん中にいるBとのやりとりを登記せず省略するので中間省略なのですね（図を参照）。

このように最初からBは第三者のために買うことを、売主Aと不動産屋Bが互いに確認して結ぶ契約のため「第三者のための特約付き契約」と呼んでいます。

この「第三者のための特約付き契約」、同様にBが間に入る売買契約であっても「地位譲渡契約」とは全く異なる契約形態をとります。

地位譲渡契約では、支払いの段階ではBは契約から離れ、CがAに代金を支払うことになりますが、この第三者のための特約付き契約ではBは契約から離脱せず、代金はBからAに支払われます。

さらに大きな相違点は、BがAからいくらで買ったのかAB間の代金やりとりをCに教える必要がないというところ。BはAから買った値段よりはるかに高い値段を付けてCに売っても値段を知らないCがそれを不満に思うことはないでしょう。

今ここに8000万円で不動産を売りたい売主Aがいたとします。Aのこの物件を買い取って高く売りたい不動産屋Bは「第三者のための特約付き契約」をAと結びます。このとき、不動産屋Bは売主Aに代金を支払わなければなりませんが、Bには8000万円の資金がありません。

しかしながらBはこのAB間の売買契約を結んでしまいます。

先に契約を結んでから「決済引き渡し」までの期間（例えば3ヶ月）に物件を「1億円」で買ってくれる買主Cを探してくるというわけです。

その物件が1億円で売れれば、代金を支払うことができた上に利ザヤは2000万円になります。Bは資金を用意することなく、ひとつの案件で大きな儲けを出せるこのやり方は、購入希望者である買主Cがいるという確定はないわけですから、リスクが極めて高い方法と言えます。

かなりの目利きの不動産屋でなければ手の出せない契約といえるでしょう。

実際Bは買主Cの目星が付くからこそ飛び込めるわけですが、購入希望者であるCを見つけられないこともあります。そうしたときにはうまく言い訳をしてAに決済引き渡しまでの期間を延ばしてもらいその期間に他の買主を探すことも。

それでも最後まで見つけられなかったら、Bは売主Aに「代金」か「違約金」を払うことになります。

しかし、最初の契約時にこの違約金を極力抑えて「5％」にして契約し、損害を最小限にしておくことにもぬかりはありません。代金が用意できないとなっても違約金の400万円を支払ってそれで終わりというわけです。

最悪400万円の損失になりますが、そこまで多額の損失をする危険性があるとわかっ

中間省略・第三者のための特約付契約

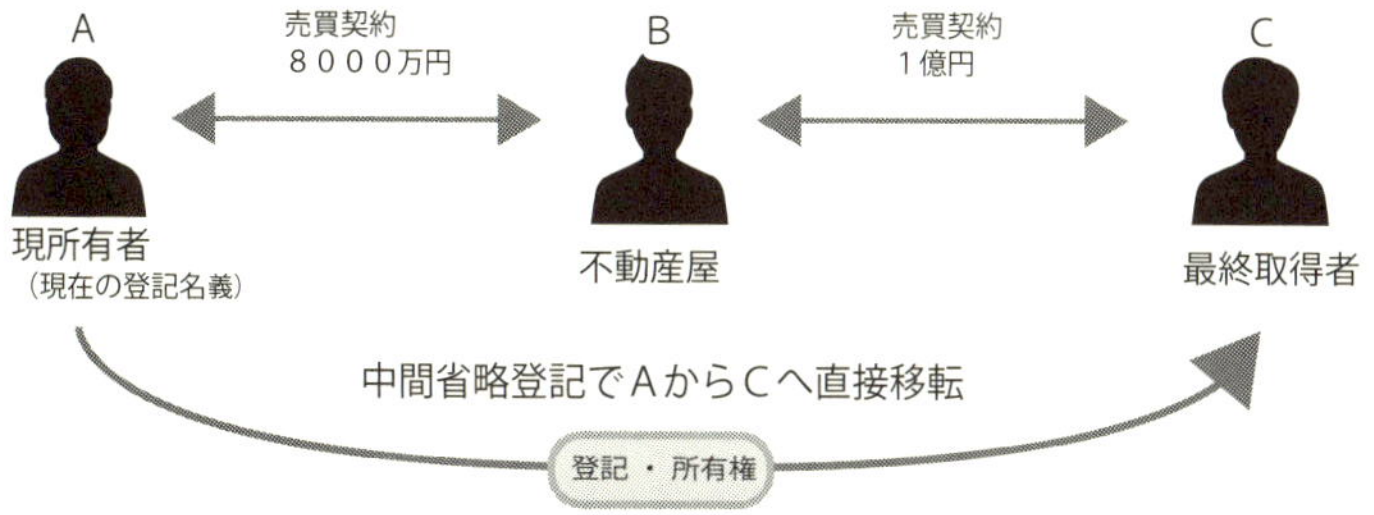

・移転登記の費用が安くなる
・Cには本来の値段（8000万円）を知らせなくていいので
　不動産屋は2000万円儲けられる

地位譲渡契約

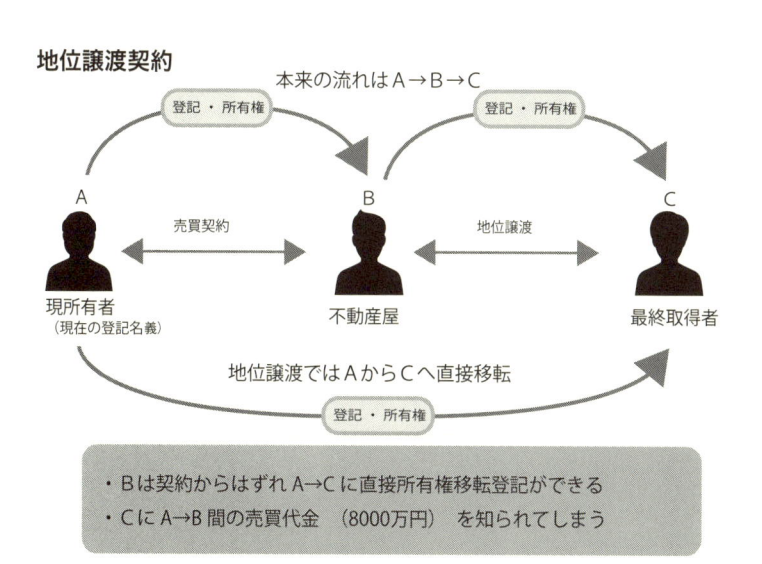

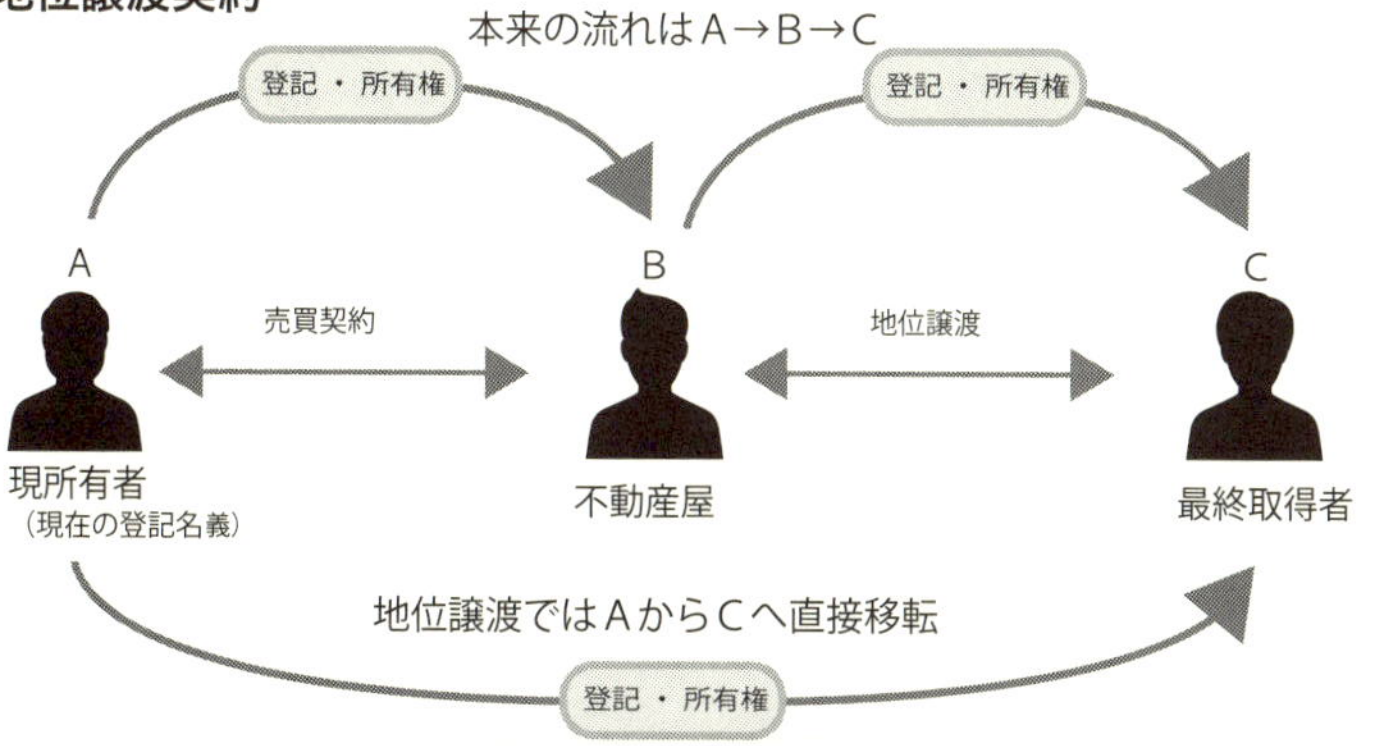

・Bは契約からはずれA→Cに直接所有権移転登記ができる
・CにA→B間の売買代金（8000万円）を知られてしまう

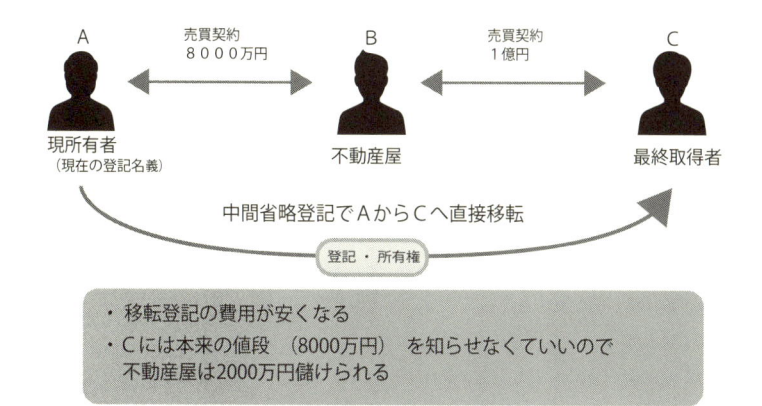

た上で踏み込むのは、「自分で8000万円という購入資金を調達せずして契約を結べること」、そして「成功したら利ザヤである2000万円の高額な儲けが出ること」この二つの大きなメリットがデメリットをしのぐ魅力があるからなのです。

決済取引日にABCの三者で決済をすることで、本来なら一度不動産屋Bが買った時点で不動産の所有権登記を入れなければならないところ、AからCに直接所有権転記登記ができるため所有権移転登記費用がかかりません。所有権移転登記費用は取り扱う不動産の評価額が大きければ大きいほど費用がかかるため、その費用が浮くこともメリットとなります。

この制度は契約においてむりやり買主Cを探すような行為が横行することや買主が見つからず違約金を支払わなくてはならない不動産屋Bがとんずらする、不動産屋Bが現金を取得して行方をくらますなどのケースがあるため、「第三者のための特約付き契約」だとわかった場合は、Cへの融資を認めない金融機関が増えてきました。

もちろんBの立場にいるまともな不動産屋は、買主Cが現れないときにはB自身でしっかりと買取りができますので、その点は誤解のないようにお願いいたします。

25

「共有物件を買い取ります」という不動産屋の下心

◉「夫婦」「兄弟」でひとつの物件を持っている場合のトラブル

家の所有権を夫婦がそれぞれ半分ずつなどにして持っているご夫婦は多いかと思われます。この不動産の「共有」状態が「離婚」や「相続」の際の大きなトラブルをもたらしてくることもあるのです。

2人の共有の財産だからと所有権も半分ずつというのは、当然の判断なようで実はトラブルになる種を作っていることもあるのです。

離婚率が35％前後の現代の日本、熟年離婚も増加し、5年～15年の婚姻期間を経ての離婚が最も多くなっています。

その期間には夫婦で積み上げた資産も多くなりますし、家を購入されるのに十分な期間でもあります。

例えば夫婦で「新築戸建」を購入した後に離婚になり、ローンがまだ残っている家を売却することになったとしましょう。3000万円のローンを組んで購入した場合、家も年数を経ていると値が下がり、2500万円程度でしか売れなくなることもあります。数百万円のローンが残ってしまう状況です。

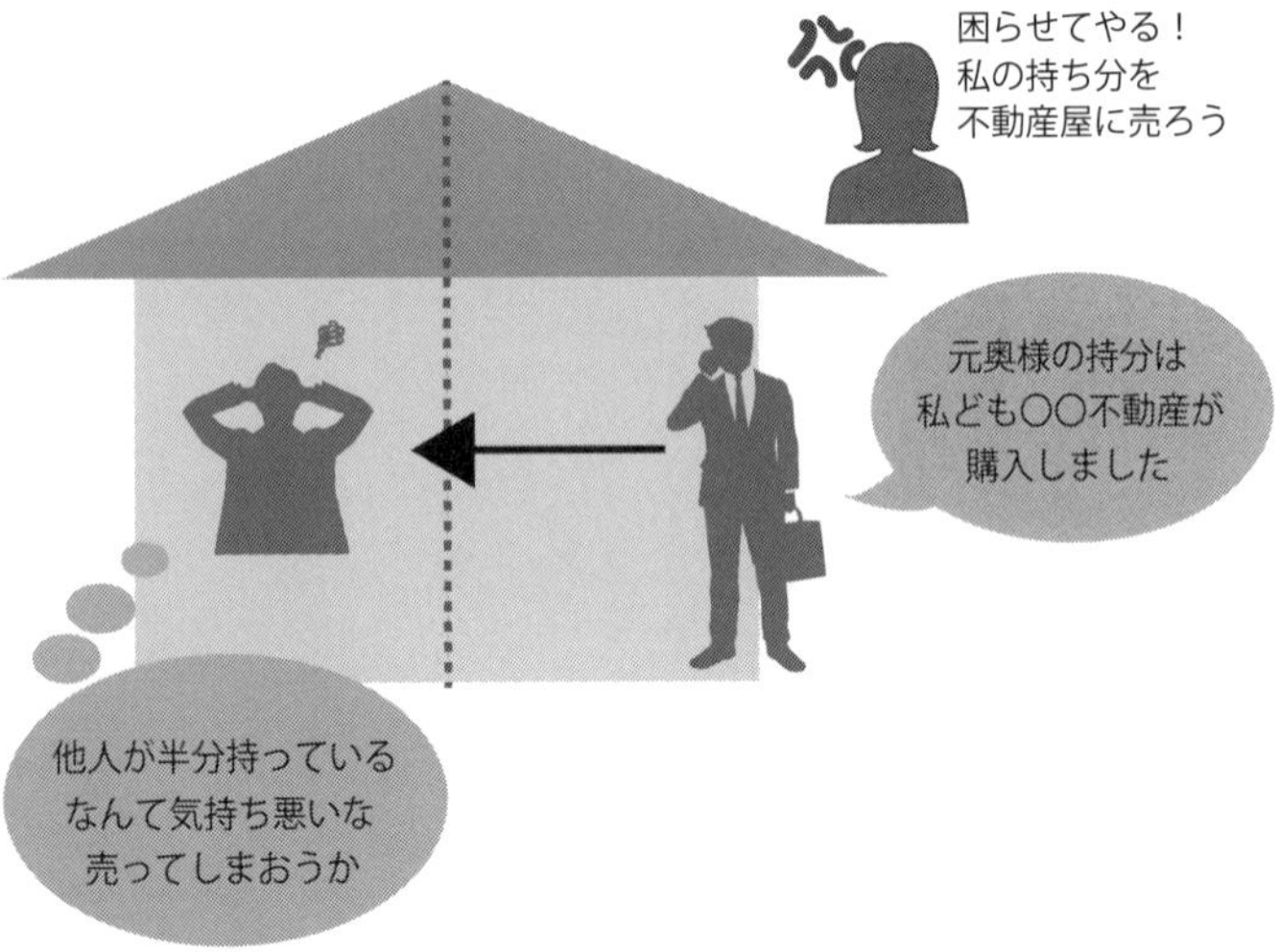
困らせてやる！
私の持ち分を
不動産屋に売ろう
元奥様の持分は
私ども〇〇不動産が
購入しました
他人が半分持っている
なんて気持ち悪いな
売ってしまおうか

こうなるとローンの借り入れも2人の名義である以上お互いに責任があるため、この数百万円をどうするのか、トラブルの火種となります。

また、所有権は1／2ずつあるわけですから、どちらにもその家に住む権利がありますし、どちらにもその「持分」を売ってしまう権利もあります。

実はこれを利用して、離婚となった憎い相手を「こらしめて欲しい」「わざと困らせたい」と言って、共有物件の売却を希望されてくるお客様もいらっしゃるのです。

さらに、そこに目をつけて、トラブルになっている「持分」のみを購入する不動産屋もいます。

持分を購入して何をするのかというと、他の共有者に対して、「持分を購入したがあ

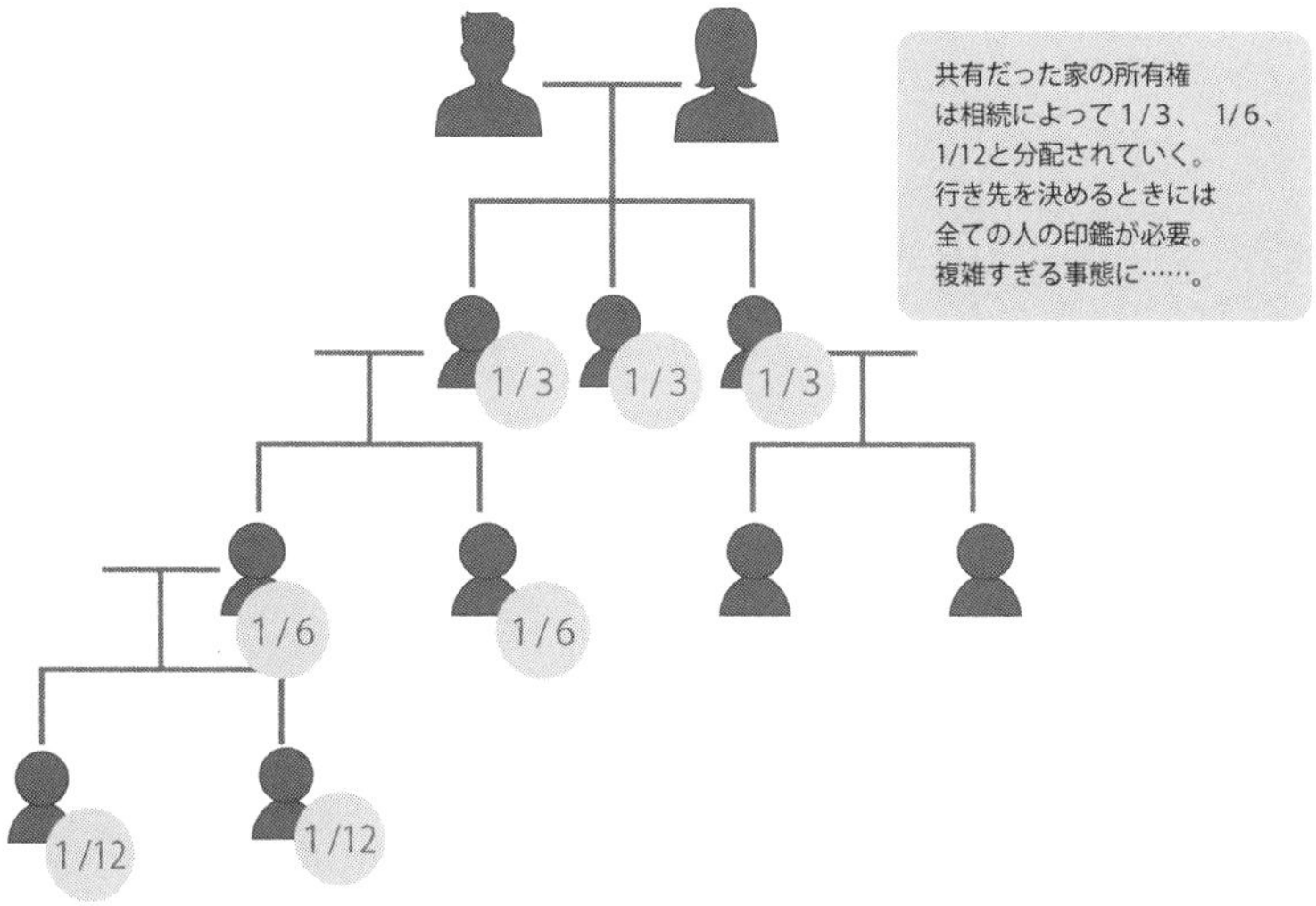
共有だった家の所有権
は相続によって1/3、1/6、
1/12と分配されていく。
行き先を決めるときには
全ての人の印鑑が必要。
複雑すぎる事態に……。
1/3
1/3
1/3
1/6
1/6
1/12
1/12

なたが持っている持分を売ってくれませんか？」もしくは「こちらの持分を買いませんか？」と持ち掛けます。

イメージしていただきたいのですが、自分が住んでいる自宅を共有とは言え、見ず知らずの第三者が取得している状況。その状況に多くの方は「恐怖」もしくは「違和感」を抱くかと思います。

不動産屋はその感情につけ込んで、相手が持っている持分を安く購入したり、逆に自分が手に入れた持分を高く購入させたりしていくわけです。

しかし、「共有」の物件を扱う不動産屋は実はとても必要な存在です。

「共有物件」では共有している人間同士の感情が複雑に入り乱れ、不動産屋がいなければ物事が進まずトラブルがさらにひどくなるケースも多々あります。共有物件で困った際には不動産屋の選定に十分に気を使い、よい不動産屋と一緒にスムーズな処理をしていただければと思います。

夫婦間のトラブルだけでなく、相続においても同様に「共有」状態が悪い方向に進むケースも多くあります。

例えばご夫婦で持っておられた家。お2人ともが亡くなられて、その所有権は3人の子供たちに1／3ずつ分配されました。これも兄弟が1／3ずつ共有している状態です。

その1／3ずつが、それぞれの子供たちにと譲渡されていくごとに1／6、1／12……と共有者がどんどん増えていってしまいます。

とりあえずは兄弟平等に分配。

とりあえず、とりあえず……と共有によりその所有権は細々と多くの人間に渡っていくのです。

本当に売却したいというときには、所有権を持っている人全員に印鑑をもらいに行かなければならないため、不動産屋もそこまで追えずにお手上げということがあり、手が付けられない状態になっていることも多いのです。

「とりあえず共有にしておこう」の考えは、今時間をかけて話し合うのも面倒だ、今手続きなどすべてするのは億劫だという気持ちからされることも多いのですが、そうした「とりあえずの共有」は問題を先延ばしにしているにすぎず、先延ばしにされた共有物件がさらに複雑な事態を招くことにも繋がります。

所有されている物件の所有者を誰にするか、自分の気持ち家族の気持ちを大切にして話し合うことは家族間のコミュニケーションとなりますので、「とりあえず」と安易に片づけずに今から向き合うことをお勧めいたします。

26

サラリーマンの不安に付け込む心理戦

◉老後破綻、年金問題、税金対策で煽りまくる不動産投資セミナー

最近は見込み客の獲得のために集客をセミナーでする「ハウスメーカー」や「不動産屋」が増えました。そうした不動産屋のセミナーの多くは「相続対策になる」「将来の年金対策になる」「節税になる」と謳いながら結局自社での新築アパートの建設や不動産投資を勧める内容のものが多いのです。

寿命が延びて老後が長くなることを考えると年金も当てにならない、国には頼れないし、頼れる子供世代も少子高齢化で先行きも見えない、そんな人たちの不安をさらに煽り、つ

け込んで、さも今すぐにでも不動産の購入・投資を始めなければ間に合わないと言わんばかりの内容。一時に比べてだいぶ減りましたが依然として行われている現状です。

こうしたセミナーはまさにサラリーマン投資家になりうる年齢・収入の層に対して行われているものが多いのです。実際に30代・40代の年収700万円～1000万円のサラリーマンが初めは中古ワンルームを、次は新築のワンルームを、と投資の数を増やしながら都心近くのマンションのオーナーとなっており、その人数も増えています。

投資の目的は、まずは家賃という「不労所得」を得ること。そして減価償却費、ローンの金利分などを経費として計上することが「節税」となるからとなっています。

またご結婚されている方は自分に万が一のことがあったときに「家族への生活の保障」として保険的に家賃収入を考えることも投資を始める動機となります。

不労所得を得る目的は「老後資金に充てるため」である方も多いようです。人生100年と言われるようになった昨今。定年を迎えた後も何十年と続く将来の生活への不安が全くないという人は少ないでしょう。探そうと思えば不安の材料はいくらでも見つけることができるものです。まさにこれからその未来を歩む世代の不安を助長して、投資を勧めるセミナーが数多く存在します。

サラリーマン投資家は「本業」があるわけですから物件管理や家賃管理を行う「大家業」

をすることは難しく、そのため投資の際には管理一切を委託するサブリース契約をすることが大半です。そこから発生する賃料を投資用ローンの返済に充てていくことになります。

もしかしたら、現に今この本を読まれている方の中に不動産投資のセミナーへ参加してみたいと思われている方もいらっしゃるかもしれません。

「こういうセミナーに参加してみたいのだけどどう思うか」と相談を受けることもあるのですが、私は「選択肢がなくなるだけですから、よく考えたほうがいいですよ」と明確にお伝えしています。

大抵のセミナーにおいて、選択肢はセミナーを開催している会社の商品一択です。「老後の資金とするのに」「節税に」「保険として」やるべきという勧誘、そして「今始めないと定年までに完済できないですよ」「今始めないと35年ローンが組めませんよ」と急かせる流れ、「もう皆さんされていますよ」と不安を煽るトーク。さらには「絶対に儲かります・空室のリスクはない・利回り○○%以上で安心です」と確実に儲かる方向の話しかしない不動産屋は疑ったほうがいいといえます。

◆よい投資セミナーの見分け方

楽して儲けられる、誰でも成功できるなど、おいしいやり方を教えますと謳うセミナーが横行していますが、基本的にはそのような「やり方」はないと言ってよいかと思います。無料でそうしたセミナーを開く不動産屋の目的はやはり、自社の契約に繋げるためのものが多くあります。

うまい儲け話に気を取られずに、セミナーの意図を見抜くべきです。注意点は、主催者の不動産屋が「何を売っているのか」をしっかり見てみることです。

特定の商品を進めるセミナーには注意してください。区分・ワンルーム型の投資を勧めるセミナーは要注意。それらは明らかに、自社のワンルーム投資を売るために開かれているセミナーが多いからです。

ところが最近はノウハウを親切にも「無料」で提供するセミナーが増えたため、見極めが難しいのも事実です。玉石混交の不動産セミナー。そんな中でも話を聞く価値のある良い投資セミナーというのは、外部講師が来て「客観的な意見」を述べているセミナーです。

外部講師をわざわざ招かなくとも不動産屋自身が自社でそうした質の高いセミナーを開催できれば一番よいのですが、不動産屋というのはなかなか信頼が得にくい職業のため、お客様からの信用を高めるために外部講師にお願いする方法をとっているのです。

その会社の特定の商品だけを進めているとなると、消費者にとっては選択肢をなくされるだけのセミナーですし、インターネットで様々な情報が手に入る昨今、ご自身で他社の投資商品などと比較されるお客様に至っては、自社の商品だけを勧めるのは押し売りだと思われることも多いのです。

情報にいくつか選択肢があり、各商品のメリット・デメリットをきちんと説明してもらったうえで選択できるセミナーであれば、お客様に「このセミナーは信用できる」と思っていただける傾向にあります。そのためにも、客観的な視点で話してくれる外部講師に来てもらうことが大切というわけです。

私も外部講師として「金融機関」「資格の学校」等でセミナーをすることがあるのですが、そのときには特定の商品や考えだけを勧めることは決してせずに、多角的な視野を提供することに努めています。

「投資にリスクはつきもの」としてリスクについてきちんと説明してくれるか、自分のニーズに対して「価値観」や「予算」を考慮して選びえるベストの提案をしてくれるか（もしかしたらそれは不動産投資という形でないかもしれません）。

不安を煽るのではなくフラットな見解を述べ、お客様のニーズを多角的視野でとらえ知識と知恵を絞ってくれるような形であれば、そのセミナーは信用に値するものといえるでしょう。

27

本当に怖いのは知ったかぶりの不動産屋

◉相続・競売・税金などの中途半端な知識でお客様に損失を与えることも

私は「任意売却」と呼ばれる仕事をお引き受けすることも多くあります。「任意売却」とはローンの支払いが滞ることで「競売」にかけられる一歩手前の状態です。

「競売」になってしまうと、不動産の売値は市場相場の70％ほどまで下がってしまうことがあります。そのため、少しでも高値で売って返済に充てるには相場に近い価格で売却することができる「任意売却」で売却することが、債務者である売主や債権者には望ましいのです。

お金を貸した側の債権者も債務者をいたずらに苦しめたいわけではないので、「売却により抵当権をなくし、担保なしにしてもかまわないから残りの貸金をゆっくりでもよいので返済してください」と債権者が任意売却を選択することもあるくらいなのです。

もちろん債権者としては一円でも多く債権を回収したいのですが、売却できる値段はやはり「相場価格」を超えることは少ないため、いたずらに時間を費やすよりも「担保なしの貸金」になることも覚悟するわけです。

返済困難となった物件を債権ごと債権回収会社（サービサー）に譲渡し、回収を図る方法もあります。

平成のバブル期に生じた不良債権があまりにも増えたという背景も手伝って、不良債権の処理等を促進するための「債権管理回収業に関する特別措置法（サービサー法）」が施行され債権回収を行える民間会社の設立ができるようになりました。

任意売却・競売時の不動産屋の仕事は同じ不動産屋といっても賃貸仲介業とは大きく異なります。「ローン返済ができず、どうしたらいいかわからない、家を売却したいけどこのままでは競売にかけられてしまう」と嘆いている方が、街の不動産屋に相談しても、賃貸仲介業をメインとしている不動産屋は対応しきれないケースが多いのです。

その不動産屋に能力がないということではなく、仕事の畑が違うため「餅は餅屋」、相応の知識のある不動産屋に頼むことが必要であると申し上げたいのです。

きちんとした知識のある不動産屋が「弁護士」「司法書士」「税理士」とチームを組んで早い対処をすれば、少しでも返済が楽になるなど最善の方法を探すことが可能となります。

最近預かった任意売却の案件も、誰に相談したらいいのかわからずに、賃貸を専門にした不動産屋に相談し、任意売却の知識のない担当者に時間を無駄に使われてしまい競売に陥って多くを失いそうになっていた方からの相談でした。

競売は特に短期間でどんどん進んでいってしまうため、本当は「任意売却」をしていれば高く売却することができるため、多めに返済できた金額を失ってしまうこともあります。

他の士業との接点図

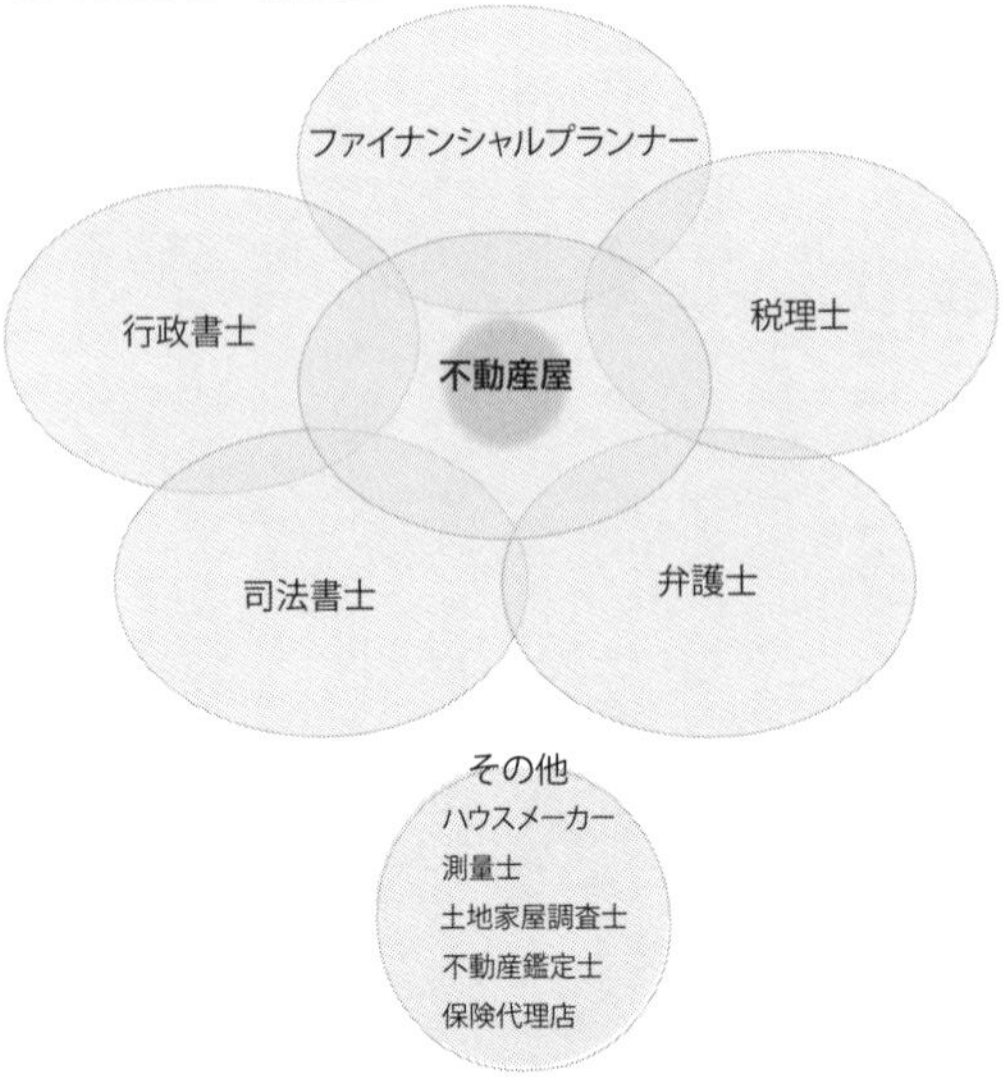

知識と経験があって債権者である金融機関との交渉ごとに強い弁護士と繋がりのある不動産屋でなければ力になることができない分野でもあります。

相続の対策や案件も同様なことがいえるでしょう。

悪い不動産屋の手口を多く書いてきましたが、本当に怖いのはこうした知識や経験が必要な不動産取り扱いの場面で知ったかぶりをして対応する不動産屋なのです。

経験のなさからくる安易な方法、知識がないためにお客様に損をさせていたり、詐欺まがいなことをする人間ではなくとも無知を隠して振舞うことは、結局はお客様に不利益をもたらす行為となってしまいます。

もちろん私も全ての知識があるわけではありません。大切なことは、全てひとりではできないことを知り、それぞれの専門分野の方とチームを組んだ不動産屋であることだと思っています。

弁護士、税理士、司法書士と信頼のおける方々とタッグを組むことで、

「これは税理士の先生へ相談したほうがいいですよ」

「これは弁護士の先生にしかできないのでご紹介します」

「この案件については相続診断士に意見を伺ってみましょう」

とお客様の悩み、問題に対して交通整理をして差しあげることができるのです。

知識、権限のあるなしを含め、それぞれのプロにしかできない仕事の領域があります。自分にできること、できないことをしっかりと把握して、お願いできる専門の人脈を持っておくことも信頼できる不動産屋である重要な条件のひとつと考えています。

28

良い不動産屋の見分け方 3つのポイント

◉「経験値のある人」「正しく背中を押してくれる人」「マメに連絡してくれる人」

詐欺のような不動産屋の手口を紹介してきたため、良い不動産屋なんて一体どうやって見つけたらいいのだろうと思われたかもしれません。お客様のために奔走してくれるような不動産屋とはどういう人なのか見分けるポイントをお話ししたいと思います。

私の考える良い不動産屋とは良い営業マンがいる不動産屋です。

多くの不動産営業マンを見てきて、良い営業マンとは少なくとも次の3つの条件を兼ね備えている人だと感じるようになりました。

◆まず一つ目は「経験値のある人」

多くのお客様と、多くの物件取引を行ってきた経験によって、営業マンはお客様の気持ちを汲み取る能力を培い、様々な物件に対しての知識（メリット・デメリットの把握）を蓄積していきます。そうした営業マンは依頼者の意図を理解して、臨機応変に柔軟な対応ができるのです。


例えば土地を売りたいAさんが不動産屋に相談したとします。

建築基準法という法律では道路に2m以上接していなければ建物を建ててはいけないというルールがあるのですが、Aさんの持っている土地は道路に1・8mしか接していません。その土地を売りたいと相談した際に、どのような対応をとってくれる営業マンが良い営業マンなのでしょうか。

資料を見た段階で「これはダメだね。安い値段にしかならない」と言い切る人。これは知識があってもお客様の立場になることを考えられない営業マンです。

依頼者である売主からすれば、土地が高く売れることに越したことはないはずです。

そんなお客様の思いを汲んで、どうしたらこの問題を打開できるのかと、方法を考えられるかが不動産屋としての質が問われるところであり、腕の見せ所でもあります。

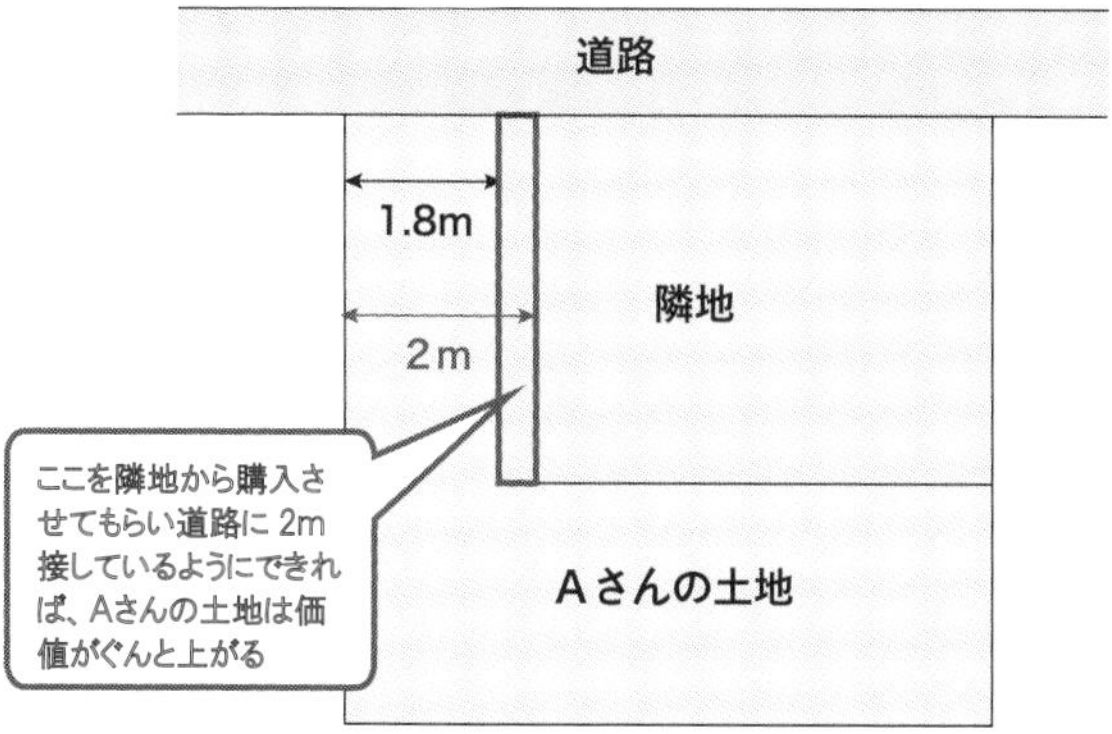
道路
1.8m
2m
隣地
ここを隣地から購入させてもらい道路に 2m 接しているようにできれば、Aさんの土地は価値がぐんと上がる
Aさんの土地

「安くしか売れないこの土地を、一体どうやったら高い価値のある土地にして売却できるか」その答えを探りあてるために、まずは現地を見て、その土地の現状を把握していきます。

例に挙げた土地の場合、お客様の土地の値段を上げるには接道２ｍになり建物が建てられる土地となればよいわけです。

答えは簡単で足りない０・２ｍ分を道路に接することができるように隣地から一部購入させてもらえばよいのです。

経験値がないためにこうしたアイデアに至らない不動産営業マンも実際多く存在します。また思いついたとしても「どうせお隣の人は売ってくれないだろう」とはなから諦めて行動に移さない人もいます。隣家さんへの訪問は時間の無駄だからと、やり過ごそうとする営業マンも多く見てきました。自分を頼って来てくれた依頼主にどれだけ時間をかけられるか、わずかな手間を惜しまず行動できるか、それは信頼される不動産屋になれるかどうかの大きな分かれ目だと思います。

似たような案件で「対応に難航しているのでお願いできませんか？」と他の不動産屋から紹介されることもあります。その際、私は必ず「隣地の方に話はしましたか？」と聞き返します。

すると大抵、「何かあったら自分の責任になるのでしていません」という答えが返ってくるのです。お客様のことよりも自分の保身が優先なのですから驚きます。

隣地を買うにはもちろん話し合いにコツがあって、先の例でいうと依頼人の土地は接道が2m確保できれば価格が上がるわけですから、それを考慮して隣人の土地は相場よりも高く購入しにいきます。

また隣地とAさんの家は先代からの遺恨があるという場合、相場に対して破格の値段を提示しても一切売ってくれないことがよくあります。そのようなときには、一度依頼された該当地を自社で購入させていただき、持ち主が変わることで遺恨も整理していただいて、その上で改めて隣地へ交渉しに伺い土地の一部を購入させていただく方法もあります。考えればいくつかの解決策を生み出すことはできるのです。

経験値に加え、軟らかい発想のできる頭を待ち合わせた不動産屋がベストチョイスです。問題にぶつかったとき、あっさりと引いてしまうのか、それとも様々な視点から考えて一番いい解決策はないかと考えられるのか、その思考力と発想を実行する行動力、それらを人のためにできる人間性を兼ね備えた人にお願いしたいものです。

最近はこうした営業マンの経験値からくる対応内容を、お客様の方も重視して見るようになってきたため、資格よりも自身の実績を名刺などに乗せている営業マンも増えてきました。

もし、名刺などに実績などが書いていない場合はぜひ「どのような物件を取り扱ったことがあるか」など実績を聞いてみてください。そうした質問にも、丁寧に答え、客観的な意見を述べられる営業マンは信頼に値する人であるとわかります。

多くの不動産屋が名刺には宅地建物取引業の免許の更新回数を載せています。免許は5年ごとに更新されますので、更新回数が多いのは営業歴が長く一定の経験があると判断できますが、更新回数が少ない場合でも高いノウハウを有する会社や営業マンはいますので更新回数は参考程度にして、やはり本人がどのような経験を積んできたかを聞くようにしましょう。経験値は更新回数では計り知れないものなのです。

◆二つ目は「正しく背中を押してくれる人」

良い営業マンを見分ける二つ目の条件は、「正しく背中を押してくれる人」です。

お客様の希望を兼ね備えた選択肢をいくつか出してくれる人は有能な営業マンです。しかし、この選択肢の数は多ければいいというものではありません。多すぎる選択肢ではお客様が余計に選べなくなることも往々にしてありますので、状況をみて候補を精査し、お客様のニーズに本当に相応しい選択肢に絞れる営業マンはさらに良い営業マンと言えるでしょう。

そうした秀逸な選択肢を用意できる営業マンは何が違うのかというと、「お客様の優先順位は何か?」という意識を常に持ち案件にあたっているところでしょう。

お客様の希望があれもこれもとたくさん出てくる中で、ご本人にも一体自分は何を一番重視しているのか、優先順位が決められていないことがあります。次第に希望自体もあいまいなものになったり矛盾が生じたり、お客様ご自身、整理のつかない状態になることも往々にしてあるのです。

そこで、若いご夫婦なら、子供が通う小学校・中学校の学区のお話をしたり、お年を召したご夫婦であれば駅までの道が平坦かどうか、ご家族が多い家庭なら、古くても駅から遠くても広さがありますよなど、それまでの会話の中からお客様の要望を察知して考えるきっかけを提示します。

お客様の要望を把握するために、またお客様自身が見えていない願望を見えるようにするために、要望よりもグレードの高い物件や場合によっては初めから契約に至らないであろう物件を提示することもあります。これは理想を全て兼ね備える物件を探すのは難しいという覚悟を決めていただく手法でもあります。

そうしてお客様ご自身でも優先順位をはっきりと認識していけるような提案をしたり、物件の選択肢を揃えられる営業マンは有能な良い営業マンといえるでしょう。そのような営業マンは高いヒアリング能力を持って全ての会話・お客様の仕草や表情にまでアンテナを立てています。

以前話したことを覚えている人、雑談の中で自分が話した言葉から何を大事にしているかを読みとってくれる人とは信頼関係も生まれるでしょう。さらに、自分では気がついていないものの実は重視している点に気づかせてくれたり、見落としていた考えるべき点を提示してくれたりなど、気付きを与えてくれる営業マンはぜひとも仕事を任せたい営業マンです。

そして、正しく背中を押してくれる営業マンはお客様が購入できる物件はいくらまでかを把握して資金計画をする営業マンです。

資金計画とローンについての知識は、不動産の仲介を行うようになると絶対に必要になってくるものです。購入を希望されるお客様にとって物件購入後のローンの支払い能力は自分自身で判断がつかないものです。

不動産業に携わる者は、お客様が購入後も無理なく返済することができる資金計画を立てるのが使命であると考えてください（実際には営業マンのすべてがローンに詳しいとはいえないのですが）。

仲介手数料を稼ぎたいがために、年収の低いお客様にもローンを組ませてしまう悪質な不動産屋が昨年、露呈し問題となることがありました。

たとえお客様が購入を希望されても、その返済に無理が生じると判断したら、それをきちんと伝えることが営業マンとしての努めです。「背中を押す」とは、いけいけとただ前へ推し進めるだけを指すのではなく、できないことも考慮して選択肢を用意してくれることです。

資金計画はお客様の「年収」により決まります。その年の支払額のトータルである年間返済額は年収や融資期間により異なりますが、30代サラリーマンの平均的な年収である

400万円前後であれば、年間返済額はその20％～25％である80万円から100万円となります。

それを月額で計算してみると6万6000円～8万3000円の支払いが可能であるといえるのです。車のローンを抱えている場合にはそれらも考慮しなければなりません。

この年収の20％～25％は「賃貸」にも応用できるので、部屋探しをしているお客様にもぜひ覚えていただきたい知識のひとつです。

また、自分がお客様の立場になる場合も、自身の年収からどれくらいの物件の購入または借りることができるのか判断基準となりうる数字です。

その値よりも、高額な返済ローンを組む計画や借りられないはずの物件が借りられることになったり、おいしい話があったら、これはおかしいのでは？　と考えられるひとつの指針にもなるかと思います。

年間返済額の計算の他にも、ローンの借り入れ先として、そのお客様に合った金融機関を選ぶことができるかどうか、その知識や返済期間の計画、知らないと損をすることになる税法の知識など問われる内容が多いのがこの資金計画と言えます。

お客様のことを考えたら資金計画は重要視して取り組んで当たり前です。

購入者の方にとって、「資金計画への対応」が、良い不動産屋を見分ける重要ポイントのひとつになるのではと考えています。

◆三つ目は「マメに連絡してくれる人」

そして、良い営業マン三つ目の条件は「マメに連絡してくれる人」です。

お客様のことを常に気にかけ、状況や心境の変化を察知したり、よい情報があったときにそのつど細やかに連絡してくる営業マンとは次第に相性が合ってくるものです。

お客様の要望を把握し、現状を知り、必要な情報を必要なタイミングで運んでくる営業マンはマメな連絡を怠らない人間です。

逆に選んではいけない営業マンとは、偉そうに、「それだったらこうですね」と決めてかかってくる人、圧力をかけてくる人、自分の都合を言ってくる人です。

例えば住宅購入の際に銀行で組む住宅ローンの金利には固定金利と変動金利があり、二者から選択することが可能ですが、「変動と固定ではどちらがいいのでしょうか」と聞いた場合に、「こちらがいいに決まっている」と話してくる営業マンはどうかと思います。

良い営業マンはそのような質問を受けた場合には「お客様の性格」によって勧めるものを変えるようにしています。

変動金利は金利が下がっていれば支払う利息が少なくなるため、そちらを重視したいというお客様には変動金利をお勧めします。

○良い営業マン	×悪い営業マン
①経験値がある	①選択肢をひとつに決めてくる
②背中を押してくれる	②圧力をかけてくる
③マメに連絡をくれる	③自分の都合を言ってくる

一方で金利が上がるリスクが気になり金利の変動のことばかりを考えてしまって「仕事への集中」「生活への安心」が薄れてしまうというお客様に対しては固定金利をお勧めします。

また、他の方がどのような選択しているのかを伝えることもあります。その場合にはAとBでは○対○でAのほうが多いですといったように経験や統計から伝えると「大勢を優先する傾向」がある方には喜ばれることも多いです。

何を選択したらいいかは営業マンが決めるのではなく、お客様が決めるもの。その決め手となるような提案をお客様の性格を見てご案内できるかが不動産営業マンの仕事ではないかと考えます。

最後に、自分の都合を言ってくる営業マンもつきあうべきでない人です。「月末が弊社の締め日なので急いでいるのですが……」などと言って契約を持ちかけてくるのは、自分の成績を期日までに出したいからという思いのみの発言です。

急がなければならない理由があるとすれば、それはお客様の都合のみです。営業マンの都合で動かすべきではないのです。

29 不動産投資を成功させるための絶対条件

◉掘り出し物の物件情報があなたのところへ届かない理由

良い不動産屋を見つけたら、次に必要になるのがその不動産屋とのつきあい方です。物件の賃貸・購入時もそうですが、不動産投資で成功するための重要な要素が、この不動産屋との上手なつきあいができるかどうかにかかっています。

「今後もつきあえる〝かかりつけ医〟のような不動産屋を見つけること」が必要となってくるわけです。不動産の相談ならこの人という人を見つけ、信頼関係のあるつきあいができたなら不動産投資家としての成功へ大きく進んでいけると言ってもよいでしょう。

成功している不動産投資家には、こうした〝かかりつけ医〟のような不動産屋を味方につけていることが多いのです。そのような不動産屋は掘り出し物の物件情報を優先的に紹介してくれるだけでなく、節税対策や様々な問題の処理など多岐にわたり相談ができるのです。

不動産屋と上手につきあうには、何といっても担当者と「会うこと」につきます。不動産屋にとって売主や大家としてつきあってくれる人のところへは、とにかく足繁く通い、顔を出し、覚えてもらうことが信用に繋がるため、不動産屋はとにかく「顔出し」を大切にするのですが、実はこれは「購入したいお客様」にとっても当てはまることなのです。

不動産を購入する側のお客様である自分もまた不動産屋によく顔出しをして仲良くなっておくことが、良い情報を得られる秘訣でもあります。

不動産屋も人間ですから、実際に顔を見せて相談しに来てくれた人には良くしてあげたいと思うものです。

担当者がいい物件情報を入手した際に「お客様の誰から紹介しようか」となった際には、やはり、こまめに来てくれる人を思い浮かべると思います。「こんな物件ならあの人に教えてあげたいな」と思われるようにしておくことが重要です。

そのための簡単で効果的な方法が実際に会ってよく話をすることです。

以前には「安くて良いと思う物件をサッサと出せよ！」とかなり上から目線で営業マンにすごんでいるお客様に遭遇したことがありますが、営業マンたちもそういう方とのおつきあいは疎遠になるのも仕方がないのかと思います。

不動産投資だけでなく、地域に根差した商売をしていて新しい場所を借りる必要が出てきたとき、普段からのかかりつけのような不動産屋があって、その会社の事業内容や年商などの内情まで理解してくれていれば、「これ、あなたにぴったりだよ」と自分に合った物件（それが「掘り出し物」ですよね）を紹介してくれるということもあり得る話です。

以前、私が書いた『サザエさんの「花沢不動産」はなぜ潰れないのか？』の題材にもさせてもらった、「サザエさん」に出てくる「花沢不動産」はまさにそうしたスタイルの街の不動産屋であると思います。

不動産屋とお客様の関係が密で、お客様の方も花沢不動産にちょこちょこ顔を出すことで、雑談をしながらも不動産屋に対して物件を紹介するにふさわしい人物だという印象を与えていくのです。

不動産屋が信用できるかという視点で書いてきましたが、お客様側からも信用を得る努力をすることで「掘り出し物」を紹介してもらえるかどうかが決まってくるのです。「掘り出し物」の物件情報を得るための方法ですが、本当に掘り出し物だとしたら不動産屋自身がその物件を欲しいはずですよね。

転売物件だとしたら高値で売れるはずです。そんな「掘り出し物」なら人の手に渡すよりも、自分のものにしたくなるのでは？　という疑問がわきませんか。

確かにその不動産屋にとっての「掘り出し物」であれば自己資金で購入することもあります。

しかし、不動産屋が物件を購入するために融資を受けたいと考えたとき、悲しいことに信用が低いことから金融機関がお金を貸してくれないことが多いのです。「掘り出し物」の物件があったとしても自分で資金を用意することができなければ、購入できないケースが多々あるのです。

実際のところ「掘り出し物」は店頭やネット上に掲載されたり、ＲＥＩＮＳに公開されることはあまりありません。

表に出ないまま売却されていくこともあります。

その理由のひとつに、安くて優良物件といわれるものには「債権処理」いわゆる「任意売却」に関わるものも多いということが挙げられます。

「債権処理に関わる」ということは、ローンの支払い（返済）ができず債務不履行になったということです。売主には借金のカタに家を売却することになった事実を人には知られたくないという思いがあります。近隣やましてネット上に公開されることを拒む傾向にあります。

また、そのような物件は債権者である金融機関が主体となって売却が進むのですが、金融機関が担保解除（抵当権を外す）金額を公開することも少ないため、公にされることなく人知れず処理されていきます。

不動産屋にはこうした優良物件の情報も入ってきますので、その際には購入できそうなお客様にこっそりと「こんな物件が出ましたよ」と耳打ちし、表に出ないうちに売却されていくのです。

その際に、一番に思い浮かべてもらうお客様になっておくことが、不動産投資での成功者への道なのです。

「この物件ならこの方の希望と資産状況に合うな」と、物件にふさわしい人として不動産屋の担当者に思い浮かべてもらうには「自分の情報」をしっかりと伝えておくことが重要です。

不動産屋がまず頭に思い浮かべるのは購入した実績のあるお客様です。その方の資金、

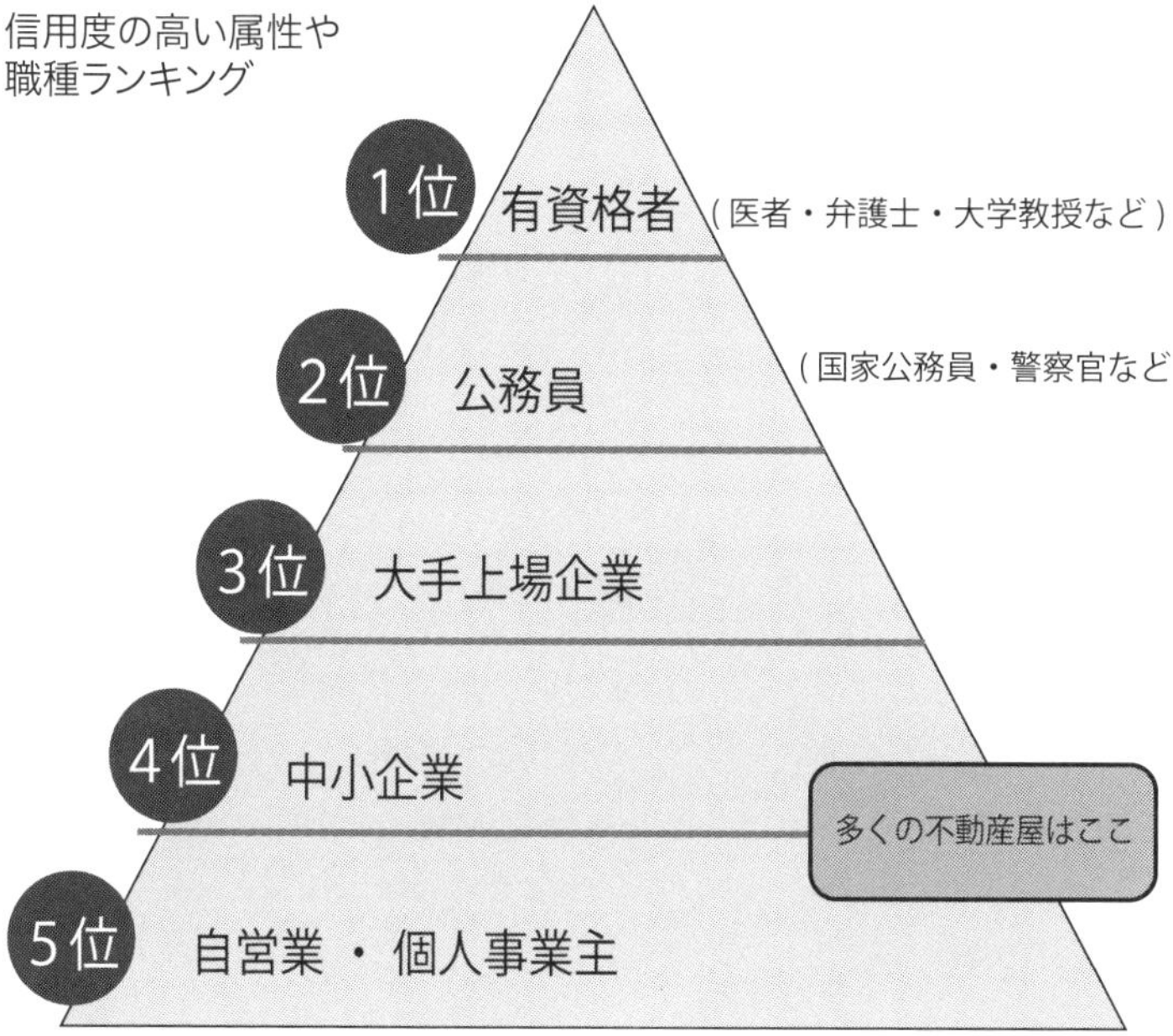

ローン、心構えが把握できているので契約に結びつきやすいのです。

その不動産屋から一度も購入していないときには優先順位がどうしても低くなってしまうため、自分の購入意思、資産、勤務先などの属性をはっきりと伝えておくことが大切です。

その際も、口頭ではなく書面にして不動産屋が忘れないように伝えておきましょう。

◆参考
銀行融資に有利な職業ランキング
信用度の高い属性や職種
https://miraimo.com/4307

30

「結局、不動産投資に失敗した」人たちの事情

◉マイナス金利で投資ブーム再来、その裏に失敗投資家の大きな負債

金融機関（銀行等）は不動産投資において、融資を希望する人の「属性」（社会的地位）、「年収」、「購入しようとしている物件の担保価値」を評価してお金を貸します。

融資が通りやすい属性ヒエラルキーは公務員を筆頭に大手民間企業・中小民間企業のサラリーマンと借りにくくなっていき、収入の安定しない自営業の方は融資を受けるのは難しいというのはこれまで説明した通りです（前ページの図を参照）。これは金融機関が融資をする際にその人の返済能力の有無と万が一にも返済が滞ったときのその後のリスクを考えての順位です。

昨今の低金利によりバブル期以来の不動産投資ブームが起こり、収入の安定したサラリーマンが不動産投資をするいわゆる「サラリーマン投資家」が一気に増えました。それと同時に非常に多くなった相談は「サラリーマン大家さんたちの不動産投資の失敗」に関するものです。

そうしたサラリーマン投資家の方がよく使うフレーズがあります。

それは「金融機関が融資してくれたから大丈夫だと思って買ったのに、騙された」とい

う言葉です。

先ほど申し上げたように、金融機関は融資をする際に、リスクを考えて返済能力と購入しようとしている物件の担保価値を評価したうえで融資の判断をしています。

ゆえに融資を承認された方は自分が購入しようとしている物件には価値があると「金融機関からお墨付き」をもらったのも同然と考える傾向が強いのです。

しかし、残念なことに金融機関の不動産評価の仕方は決まった計算式に当てはめているだけのことがほとんどで、数年後にいざ売ろうとしても金融機関の評価とは全く異なる価格でしか売れないケースが多いのです。

その結果、「金融機関が大丈夫と言ったから買ったのに、こんなことになるなんて信じられない、私は騙された」と言う投資家たちが出てくるわけです。


なぜこのような投資ブームが起こるほど、金融機関は融資をし続けたのでしょうか。

その原因は現在のマイナス金利政策にあります。

この政策を受け、各金融機関は日銀にお金を預けておくと利子がつくどころか、利子を払わなくてはならなくなる状況にあります。そうすると「企業や個人の投資家にどんどん貸し出して利益を得たほうがいいに決まっている！　投資に回していこう」という動きになり、金融機関は融資先を躍起になって探したのです。

しかし「担保のないもの」に融資するのは危険と考え、「担保の取れる」不動産投資をしている大家さんへの融資が促進されていったのです。

「不動産の評価」と「購入者の属性」が高ければ、あまり調査せずに融資をしているのが実態でした。また、金融機関でも営業マンの貸付ノルマがあり、ノルマ達成のために無理やり貸し付けているところもあったため、いざ売ろうとするとかなり減額しないと売れない物件であったり、融資が下りたと喜んで複数棟を購入してしまった投資家が、結果的に首が回らなくなるなどの問題が発生したのです。

またこのとき、金融機関は「とにかく融資先を探さなければ」と、お金を貸したいがためにだいぶハードルを低くしてローンを無理やり組んででも次々と融資してしまう傾向にありました。

アパート経営の場合、10部屋あるとしたら通常は7～8割しか部屋が埋まらなくてもローンの返済をしていける計画にするものです。

それを10部屋中1部屋でも空きが出たら即赤字になる、そんな返済ができなくなる可能性のあるローンの組み方にもかかわらず、融資が下りている時期がありました。そのようなことが平然と起こっていたのです。

景気の変動があり、かつ少子高齢化が急激に進んでいる日本において、30年でローンが組めたとしても、30年間安定して空室を防ぐことができるかいうとそれはかなり難しい話です。

残念ながら、そうした物件のいくつかは債務不履行（ローンの返済ができない状態）を起こしてサービサー（債権回収会社）に売却されているもしくは「任意売却」「競売」になっていくのをこれまで数多く見てきています。

本来、金融機関は返せるローンの組み方かどうか見極めなければならないのですが、融資先を増やすことが重視され、無理な計画であるにもかかわらず融資しつづけてしまう状態にありました。

投資家の方々はこうした自身の営業成績だけのために動いた金融機関や不動産屋に「自分は騙された」と言って相談にいらっしゃるのですが、そのようなとき、

「ローンの組み方に無理はないか」
「自分で計画を把握していたか」
「リスクを考慮して考えてみたか」
「無理な提案だと思ったときには疑問を呈したか」

をご自身に問いかけてもらいたいと思うのです。

どんな状況であったとしても「決めてきたのは自分」。それを認識しなければ同じことを繰り返してしまうことになりかねません。

この提案や計画はおかしいなと、「その時点」で気が付くには、人任せにせず自ら関わって、勉強することが重要です。さらには相談できる不動産屋がそばにいてくれたら心強いものです。

それでも起こってしまった事態については、「ここからできることを始めていきましょう」そうお客様にお話しし、できることをひとつずつこなしていくことのできる不動産屋を見つけていただきたいと思います。

31

「不正融資」が横行する不動産投資が頻発

◉「地方から上京してくる女子を救え！」の大義名分の裏にある偽造の実態

不動産投資ブームが再到来するなか融資を通すことだけに意識が集約し、挙句の果てに評価5000万円のものに1億円の価値をつけたり、借り手の「収入証明」や「預金残高」を偽造してしまう購入希望者や不動産屋も現れました。

収入証明が「偽造」であることがわかる状況にもかかわらず金融機関が融資を繰り返し

てきた結果、資金を融資した銀行・不動産屋・借りた人それぞれが、自分が騙された側だと主張する事態となりました。

多額の負債を抱えることになった投資家、破綻せざるを得ない企業が2018年1月に大きなニュースとなったのも記憶に新しいかと思います。破綻したのは、女性向けシェアハウスを販売していた不動産会社S社。

有名なタレントをCMに起用して「地方から出てきた女の子たちを救おう」という大義名分を作り、シェアハウスに慈善事業的な付加価値を加えて投資家を募ったのです。

S社は、東京、千葉、神奈川を中心にシェアハウスを建設し投資家になることを勧めました。

一棟売りで価格帯は1億〜3億円ほど。購入者が約700人で、ほとんどの投資家が1億円以上の融資を受けていました。

S社がこれだけの顧客を得ることができたのは、ターゲットを30代〜50代・一定以上の収入がある大手企業のサラリーマンにし、サブリース契約を結ぶことにより、手間いらずで、副収入の保証を謳ったからでした。

そして、殺し文句として「地方から上京してくる女の子たちを皆様に救っていただきたい」という言葉です。不動産投資は外観的には「自己の利益の追求」に他ならないため、そこに「慈善的な要素」が加わることで投資へ踏み切る「動機付け」としては十分すぎるほどのものなのです。

サブリース契約によって、シェアハウスの管理はS社に委託されていきます。家賃保証に加えて、月に数万円程度の利益が出るというメリットに惹かれたサラリーマンたちはシェアハウスへの投資を始めました。

32

S社が辿ったプロセスと真相は?

◉サブリース契約は本当にメリットが大きい? その実状は自転車操業?

S社のシェアハウスの〝売り〟は30年間サブリースによる「家賃保証」と「金融機関からの融資」がかなり高い確率で受けられるスキームにありました。

物件を所有するだけで安定した副収入を得られると考えたサラリーマン投資家さんたち、彼らの多くは「今は銀行にお金を預けても資産が増えることはない、とは言うものの、株やFXはリスクが大きい」そのため「老後への備えとしての資産運用に不動産投資を考えていたところ、サブリース契約という安定した収益の話が決め手となり購入を決断する」

というケースが多くあったようです。

そうしたサラリーマン投資家たちは次々とシェアハウスのオーナーになっていきました。


S社の提携している金融機関はある有力地方銀行でした。その銀行が新規の投資家が購入するための融資を打ち切ったことで状況は一変します。

S社は新しい投資家へ融資された資金を元手にしてサブリースでの家賃保証を行っていたため、銀行が融資姿勢を変えたことで、その事業は破綻。メディアで報道されたことで事業内容と根底にある銀行の融資問題が次々と露呈されていきました。

S社は民事再生法の適用を東京地裁に申請しましたが、申立ては棄却され破産手続きとなりました。その負債総額は約60億3500万円、債権者は911人。そのうち物件のオーナーは675人で家賃の未払い分は23億にものぼります。

一体なぜここまで多くの投資家が、負債を抱えることになったのでしょうか。問題は、融資をしていた銀行へと帰結します。その銀行は不動産投資に積極的に融資をすることで知られています。一般的に他行では借り入れできないような属性の人にも融資をすることもありました。

融資を受けるには頭金1割程度の自己資金が用意できることを預金通帳などで示さなけ

ればならないことがあります。S社のシェアハウスへ投資していた約700人のオーナーたちは1億円以上の融資を受けているため、1000万~2000万円の残高提示が必要となりますが、そんな大金を現金でもったサラリーマンはほとんどいないでしょう。

しかしその銀行は融資案件ではほとんど物件価格の100%を融資して、頭金がない人でも不動産を購入できたのです。

頭金がなくても購入できたのは、偽造された銀行の通帳や源泉徴収票の写しを使って年収を多くみせるという不正行為が行われてきたからでした。お客様のデータを改ざんして資料作成する不動産屋。通常は融資を許可できない年収の人にどんどん融資が下りていったのです。

◆参考

「産経ニュース」
https://www.sankei.com/premium/news/180331/prm1803310019-n1.html

「帝国データバンク」
http://www.tdb.co.jp/tosan/syosai/4458.html

サブリースのしくみ

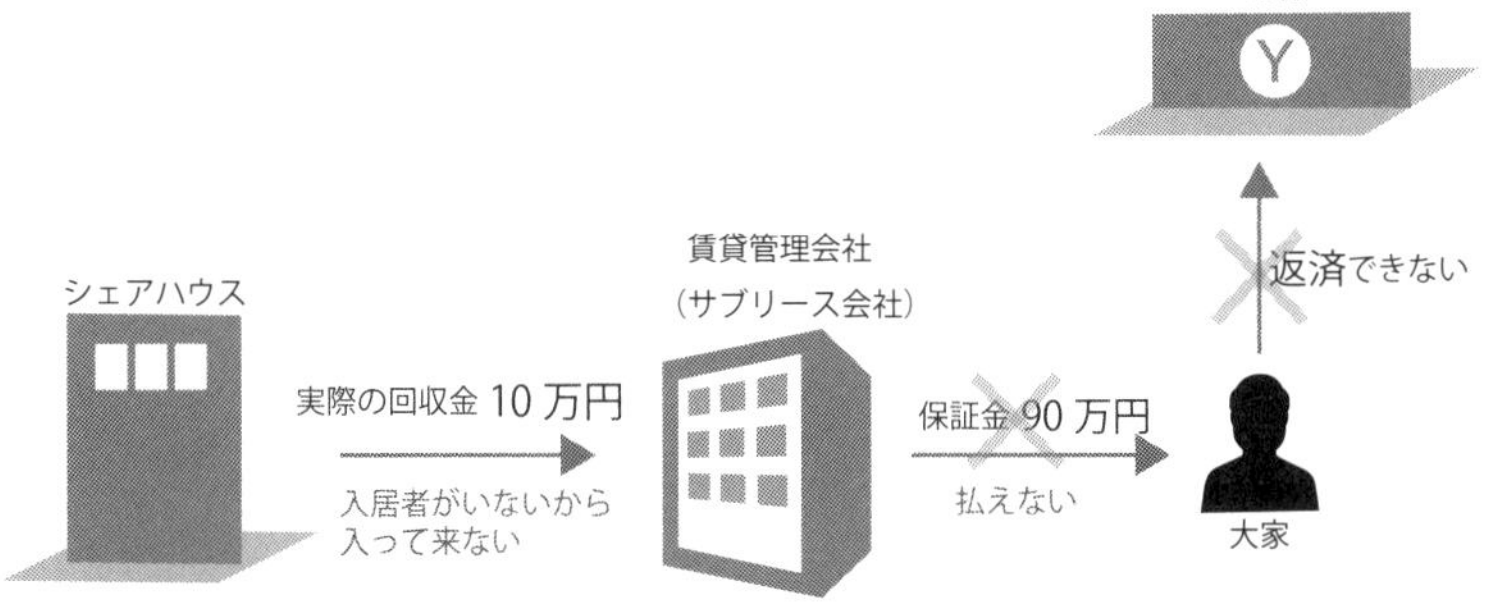

『不動産を考えるメディア』
データ改ざんの実態
https://media.tousee.jp/news/post-6972/

自分が提出した書類をもって銀行が融資を許可したのだから、返済計画は大丈夫、この投資は間違いないと思ってしまったオーナーたち。「頭金は必要ありません」と言う謳い文句に誘われて投資に踏み切りました。

S社の事業破綻から発覚していくデータ改ざんの実態。銀行通帳は巧妙に書き換えられ、預金残高が明らかに本人が自覚のない金額に書き換えられていたようです。

他の銀行では融資が下りるには厳しい条件の人に「頭金ゼロでシェアハウスオーナーになれる」として、不動産屋とある地方銀行は一体となり販売を行っていたのです。

契約を取りたいがために様々な行為をしている不動産屋がいるように、銀行の行員もまた営業成績を上げるために良識が低下した結果ではないかと言われる問題の実態です。

実際に元行員に話を直接聞いたところ、「営業のノルマが最重要課題になってしまった体質で、それに異を唱えられる環境にはなかった状態でした」とのことでした。

億単位の借金返済に困窮するオーナーたちの被害者弁護団はさらに不動産屋や銀行の責任を追及しています。

◆参考：プレジデントオンライン
かぼちゃの馬車「通帳改竄」動かぬ証拠
http://president.jp/articles/-/24805?page=2

33

「相場観」は自力で養わないと実にならない

◉シェアハウスと呼ばれるものの現状や市場調査していたら投資していたか

ほとんどの投資家が1億円以上の融資を受けて、購入したS社のシェアハウスですが、これもまた「物件をあまり見ずに投資目的のためだけに買ってしまって失敗した」事例です。

一人あたり「億」単位という金額や700人近い多くの投資家が一度に被害に遭った点で、あまり類をみない規模の事件といえるでしょう。

S社のシェアハウスの現状は1部屋が異常に狭く、それなのに賃料は相場よりも高い、そしてリビングやキッチンといった共同部分が小さいという物件でした。

住む人のことは考えず、無理やり利益が出るように設計している作りだったのです。


女性専用シェアハウスを選ぶ方は、上京してきたばかりで、貯金があまりないため、高い賃料を払えないが、通勤に便利で安全なところに住みたいという希望が叶うからという考えの方が多いようです。

シェアハウスとはトイレ、台所、リビングなどが共用になっている物件で、入居者同士が交流する場面が多く、はじめは利便性と安全性を求めて入居した人も、共有空間を持つことで生まれる交流を次第に利点と感じるようです。もちろん初めから交流を目的として選ぶ方もいらっしゃいます。

そうしたシェアハウスの良さを、S社の物件は満たしておらず、その粗末な作りは入居率を下げた大きな要因です。

どのシェアハウスでも問題点となるのが、「壁が薄く隣の人の声が聞こえる」「隙間があるからこちらの音も筒抜け」など、お隣の生活音に悩まされたり、自分の生活音も漏れ聞こえてしまうところです。

こんな問題点を解決してくれるのもシェアハウスならではの「共用リビング」で、ここで顔を合わせて交流を持つことが居住者同志の距離を近づけ、多少のことはお互いさまと許せるようになるわけです。これはシェアハウスに限ったことではなく、家庭、地域、学校、会社、人と関わる全ての場面で言えることかもしれません。

仲良くなることで、それまでの不安や不満が解消されていくことがありますよね。

共同生活するシェアハウスで交流の場となるリビングは重要な役割を果たしていたわけです。

しかしS社のシェアハウスには交流できる広々としたリビングがありませんでした。さらに女性専用なのに湯舟もない、トイレの数も少ないなど、シェアハウスを希望する人が思い描くものとはほど遠い実態だったのです。

こうした物件、もし自分の目で周辺相場を確かめていたら投資しようと思ったでしょうか。

そもそも、上京したてで貯金がなくてシェアハウスを選ぶ人が、相場より高い賃料の物件を選ぶでしょうか。

物件のあるエリアの相場、シェアハウスの平均的な賃料など自分で調べてみたらそこから入居率の保証などに疑問や見解が生まれていたかもしれません。

サブリースを取ってみても、メリットだけでなくデメリットを把握していれば、提案を鵜呑みにせず、自分で検証してみることができますよね。


S社の事件では家賃保証が30年だったわけですが、これだけの長い期間、建物の老朽化も進む中で賃料保証ができるものなのか、入居者の賃料は妥当なのか、提案されるビジネスモデルが現実的であるかを自分自身でも考えてみることがとても大切です。

購入する際には、物件を自分の目で確かめること、相場など周囲の情報を自分なりに調べてみることなど、当事者意識を持って物件の購入にあたっていただきたいと思うのです。

知識と意識は近づいてくるよからぬ輩を跳ね返してくれる最大の武器となってくれるからです。

「騙された」にならぬよう、できることは人任せにせず、当事者意識を持つこと。これに尽きると考えています。当事者意識を持ちながら進めていけば信用できる不動産屋、融資先を見抜く力が自然とついて、信頼できる出会いへと繋がるでしょう。


今回の事件は損害額も大きく、オーナーとなった人の中には負債を苦に自殺をしてしまった方もおられます。自己破産となったり、それを免れても不正が発覚したシェアハウスに人が入ることも少なく、極端に賃料を安くするのか更地にして売るしかないような厳しい現実が待っています。

現在も、S銀行に貸し手としての責任を問う争いが繰り広げられています。しかしながら、融資を受けた借り手の自己責任も問われることになるのもまた事実なのです。

この事件を受けて、不動産がらみの問題が後を絶たない中、不動産屋である自分は何ができるのか改めて考えさせられました。

買い手であるお客様に何かお役に立てることはないのか、そのように考えて不動産屋の世界にある常識と横行する悪徳手口の紹介が、読者の当事者意識を呼び覚ますきっかけとなればと今回の出版に至りました。

知識を得て、当事者意識を持っていただくことが、悪徳商法を近づけない一番の方法だと思うのです。

自分の判断を信用できるよう、ぜひ自ら飛び込んで知識を得るようにしてください。

自分への信用は自らの行動で培われ、それはやがて信用できる人を連れてきます。自分自身の経験から切にそう感じています。

不動産は人生において大切な買い物となるのは間違いのない事実。本書が皆さまのそうした機会に、信用できる不動産屋と共に幸せへの選択ができる一助となれば幸いです。

34

「お家賃と同等の金額で買えます！」の是非

◉「賃貸」と「購入」どちらが得かの論争の正解はどこにあるのか？

賃貸で住んでいる方には「このまま借り続けたほうがいいのか、買ったほうがいいのか」と考えたことのある方は多いのではないでしょうか。

賃貸と購入の比較は様々な情報がネット上でも飛び交い何を信じたらよいかわかなくなりそうですね。

どちらが得かという争点を「お金」というモノサシで測ることが多いのですが、私は「どちらが良いか？」と聞かれると、その方の「家族構成」「生活スタイル」「性格」によって選択は大きく異なってくるため、一概にこちらがお得ですとは言い切ることは致しません。

仮にお金で比較するとした場合、月々11万円で30年間住んだ場合を考えると、変動金利にした場合は変動幅もありますが、11万円の家賃とローン返済のコストを30年間でシミュレーションすると、ローン返済のほうがコストが高くなります。

賃貸の場合、家賃と2年に一度の更新料と保証料等で済むのに対して、購入は住宅ローンと頭金以外にも、管理費・修繕積立金・固定資産税などの継続した負担が加わってきます。

また頭金とは別に、保証料、不動産取得税、登記費用、保険料などの諸費用は購入当初に現金で用意する必要もあります。

30年ローンを考えたときには、一般に賃貸のほうがトータルコストが安く算出されることが多いでしょう。しかし30年を超えて考えると、長生きするほどに購入のほうが費用は総じて安くなっていくことになります。

ただこれに関しても、「では、長生きして賃貸で住み続けてしまうと何年で購入金額を上回ってしまうのでしょうか。やっぱり購入のほうがお得なの？」という問いに明確な答えを用意することは困難を極めます。

購入時の条件（中古か新築か、いつの年齢で購入するのかなど）によって計算は全く異なるものになるからです。

人生80年と言われていた少し前よりもさらに寿命が延び、人生１００年時代を考えなくてはならない現代、20代で購入したら50年どころか70年間も同じ家に住むことになるのです。

だったら購入のほうが断然お得でしょう、とは単純にいきません。70年間もの間同じレベルで住めるはずもなく、分譲マンションの大幅な修繕や一軒家でしたら建て直しに近い形で行われることもあるでしょう。

年月を重ねてライフスタイルが変化するのと同時に、家もまた変化に対応していくべき

購入メリット

■資産として家族に残せる

■世帯主になにかあったときでも「団体信用生命保険」加入によるローン支払い保証がある

■自由にリフォームをしたり、手を加えられる

購入デメリット

■購入時の多額な費用の準備が必要

■簡単に住み替えできない

■住居費以外の修繕・管理に費用がかかる

■物価価値が変動し、資産になるという期待とは違う結果になることも

賃貸メリット

■ローンがないので破綻リスクがない

■ライフスタイルの変化に伴い引っ越しできる

■修繕やリフォームなど大幅な設備メンテナンスを自分でしなくてよい

賃貸デメリット

■資産として残らない

■ずっと支払いを続けなければいけないとい

■改築など自由にできない

■高齢になったときに審査が通らない

【購入　ローン30年コスト】

ローン
11万円×12カ月×30年＝３９６０万円

管理費・積立修繕費
年間２５万円×３０年＝７５０万円

固定資産税
年間１２万円×３０年＝３６０万円

保証料・保険料・諸経費　２００万円

合計　５２７０万円

【賃貸　30年コスト】

家賃
11万円×12カ月×30年＝３９６０万円

更新料（２年間度）
１１万円×１４回＝１５４万円

保証料・保険料・諸経費　９８万円

合計　４２１２万円

ものなのですから。

ネット上などで購入と賃貸で比較され算出されている表などはあくまでも一例にすぎません。

住む人のライフプランや購入する年代、趣向、引っ越しを何回するかなどの設定次第でいかようにも情報発信者の意図により書き換えることが可能ですので、情報を鵜呑みにしすぎないことが大切です。

結果的に賃貸と購入で毎月の支払いに違いがないことが多いため、毎月の支払いのみを比較しての選択は賢明とはいいかねます。

どちらがいいのかという問いには、賃貸・購入のメリットとデメリットを比較して、自分の重視する点がメリットに当てはまるか、デメリットには妥協できるかと考えた上で答えを出していくのが一番後悔のない選択になるのではと思います。

ここで双方のメリットとデメリットをご参考までに挙げていきたいと思います。

【賃貸のメリット】

①ローンがないので破綻リスクがない

②子供ができた、親の介護による移動、子供たちが巣立って夫婦2人に、などのライフスタイルの変化によって引っ越しができる

③修繕やリフォームなど大幅な設備メンテナンスを自分でしなくてもよい

【賃貸のデメリット】

①資産として残らない。収入、年齢などによっては借りられないことも

②改築など自由にできない。壁の穴ひとつでも空けるのに配慮がいる

③高齢になった場合には賃貸の入居審査に通らなくなる可能性が高い

※高齢者は賃料の支払い、病気、孤独死の問題があるため、貸主側が入居を断るケースが多いのです。

【購入のメリット】

①資産として家族に残せる

②世帯主になにかあったときでも「団体信用生命保険」加入によるローン支払い保証がある

③自由にリフォームをしたり、手を加えられる

※購入において、右の挙げた以外で大きいメリットは住宅ローン控除が受けられることです。正式には「住宅借入金等特別控除」と言い、10年以上のローンで最大400万円までの控除が受けられます。

【購入のデメリット】

①購入時の多額な費用の準備が必要

②ライフスタイルの変化、近隣などとのトラブルが生じても簡単に住み替えできない

③住居費以外の修繕・管理に費用がかかる

④物価価値が変動し、資産になるという期待とは違う結果になることもある

◆参考：

住宅の補助金・減税・優遇税制オールガイド

https://www.sumai-fun.com/money/20/post-3.html

住まいのお役立ち情報
https://www.homes.co.jp/cont/living/living_00014/

35

「相続時精算課税制度」は節税対策にならない！

◉贈与税がかからず得かと思えば、結局は相続税としてきっちり取られる

「相続時精算課税制度」をご存知でしょうか。通常、贈与は年間110万円まで贈与税が非課税の対象です。しかしこの「相続時精算課税制度」を利用するとなんと2500万円までの贈与が非課税の対象となるのです。

なんとも高額な節税になるお得な制度として、子供がマイホーム購入時にこの制度を利用して生前贈与の形で支援する親御さんも多いのですが、実はこの制度、節税になるのではなく税金の支払いを先延ばしにするというだけのものなのです。

「相続時精算課税制度」とはそもそもどんな制度かというと、「生前贈与をする際には2500万円まで贈与税がかかりませんが、贈与した方が亡くなった際には、生前贈与を受け取った側は遺産だけでなく生前に贈与された分も併せて相続税をいただきます」という制度なのです。

贈与税がかからずにすごく得をしたと思っていたらがっかり、結局は相続税としてきっちり取られてしまうというわけです。その名前の通り「生前贈与の際には非課税にしますが、相続が起きたときには精算して課税します」という制度で、節税対策にはならず税金の先送りなのが実態です。

そしてもう一つ注意すべきことは、この「相続時精算課税制度」、一度利用すると通常の年間110万円までの非課税となる生前贈与枠が二度と利用できなくなるという点です。

たしかに通常の贈与は年間110万円までしか非課税にならないので、2500万円が非課税になった方がお得だと考えがちです。しかし、通常の贈与は毎年繰り返すことで財産を減らすため、長い目でみると得することも多いのです。

「相続時精算課税制度」は2500万円までは非課税ですが、最終的には相続財産に合算して相続税の対象となるわけですから、相続税を減らす効果はありません。

ただし、相続時精算課税制度は将来「相続税」のかからない人などにはお勧めです。

「相続時精算課税制度」は節税になると安易に利用せず、ご自身の将来的な資産など合わせて考えてご利用ください。

その際には税理士にどのような効果があるのか、そもそも使用すべき制度なのかを一度確認するのがよいかと思います。

◆参考

相続時精算課税制度とは何か日本一わかりやすく解説しました

https://osd-souzoku.jp/souzoku/souzokujiseisankazei

36

融資ローンの承認は免罪符にならない

◉不動産屋は住宅ローンのプロではないので、焦げつく人も出てくる

銀行で住宅ローンを組む際には審査があり、先にもお話した通り属性の高い人は審査に通りやすく、属性の低い人は銀行からお金を借りることができません。

しかし、投資家破綻の際にもお話ししたのと同様に、銀行は契約が取りたいがために属性の低い人にもどんどんローンの承認を出してしまう安易な審査が住宅ローンにおいても行われているのです。

ローンを組んだ方は結果的に返済か苦しくなり破綻に追い込まれるという状態が後を絶ちません。

現在、住宅ローンの変動金利は1％未満ですが、ある銀行では3〜4％という高い金利でした。しかしながら、自営業、派遣社員、正社員になって間もない方や資金のない方などは、他の銀行では属性が低いためローンの審査にことごとく落ちてしまい、ここはローンを組ませてくれる数少ない銀行だったため、高い金利にも目をつぶり契約していったのです。

金利が高くてもウチしか融資してくれるところはないだろ、と言わんばかりの高金利。そのためやはり返済は苦しくなり破綻の一途をたどってしまうケースが後を絶ちませんでした。通常は審査に通らないし、誰が見ても返済は難しい低所得者や高齢の方も審査に通してローンを組ませていた実態があります。

自分たちの属性でローンを組ませてくれるところはここしかないと不動産屋から紹介されたという方も多いので、不動産屋もローンが借りにくい人はこの金融機関に紹介するとなっていたのかもしれません。

不動産屋にとっては、住宅購入の仲介手数料は一回分が高額なため、契約を取りたいがためにローンの組みやすい銀行を紹介していたこともあるのでしょう。

こうした不動産屋や銀行に「私に家は買えますか」と質問しようものなら、当然買えるような方向に持っていかれてしまいます。なので、ネットでも、セミナーでも、相談相手でも、「情報発信元は何を扱っている会社か」に意識を向けることも大切です。

自分だけに都合のよい終着地点にたどり着くような発信をしているとしたら、その情報を鵜呑みにすることは避けたほうがよいでしょう。

本来、ローンなど組む際はＦＰに相談し、お金とライフプランの設計から客観的に判断することが望ましい形です。

破綻への道を歩まないためには、要望を叶えてくれる人を探すのではなく、客観的な意見を述べてくれる不動産屋や銀行とつきあうことです。難しいかなと思ったら、適切なところへ相談し、自分が一歩引くことも大切です。

また、通常の金利だとしても住宅ローンの支払いが困難になる方も一定数はいらっしゃいます。

好況とはいえ給与減額、転職等の何らかの形で所得が減った方が多いのですが、その場合にも住宅ローンの「借換え」等を積極的に活用すべきかと思います。

また、住宅ローンは現在金利が低い状況にあるため、無理して繰り上げ返済をして急な出費に耐えられなくなるよりも、当初の計画通りにコツコツと返済していくことがよい場合も多いのです。

繰り上げ返済についてもＦＰに相談するケースが望ましいのですが、身近にＦＰがいない場合には「保険屋さん」も実は頼りになることが多いのです。

37

民泊投資・太陽ソーラーの可能性は？

◉法律が未整備なのでルールを変更されたら投資資金が回収できないことも

日本を訪問する外国人の数は年々増加し、２０２０年のオリンピックを控えて、その数はますます増えるであろうと予想されます。日本政府観光局（ＪＮＴＯ）発表統計によると、２０１７年の訪問者数は２８６９万人。10年前の２００７年は８３４万人であったので、その数は3倍以上に増えているのがわかります。

そこで急成長を遂げてきたのが「民泊」です。

これまで宿泊施設としてはホテルや旅館が一般的でしたが、民泊は個人のマンションや自宅に宿泊するので、日本の生活を体験できるとして、外国人から人気の宿泊スタイルとして伸びてきました。

２００８年に創業したアメリカ発の民泊サイト「Airbnb」（エアービーアンドビー）は貸したい人と借りたい人をインターネットで繋ぐしくみが人気を博し爆発的な成長をとげました。宿泊費が前払いというシステムも無賃宿泊といったトラブルを避け、貸す人・借りる人双方が評価しあう制度にて、安心した取り引きが信頼性を高め様々なメディアでも話題になってきたのをご存知の方も多いかもしれません。

空き家が増える日本と、宿泊施設が不足するほど増える外国人訪問者。2年前東京大田区にて国家戦略特別区域法に基づく旅館業法の特例制度を活用した「特区民泊」がスタートしたことから、民泊はブームとなり、民泊は将来性のある投資だとして多くの投資家たちが民泊投資を始めました。

実際の所、民泊は「旅館業法」に反するものも多く、大半が無許可営業というグレーな運営と言われていましたが、普及当初はこれといったトラブルの少なく目立たなかったため問題視されなかったのでしょう。しかしここ数年の民泊投資ブームにより、民泊が激増。その分、外国人宿泊者による騒音・ごみの捨て方による近隣の方とのトラブル、施設の破損、備品の持ち出しなど多くのトラブルが問題となり、無法地帯だった民泊市場に2018年6月「民泊新法」が成立することになりました。

意気込んで民泊に投資した多くの投資家も、「料金設定」と「稼働率」の兼ね合いで思ったように利益があがらなかったり、自分は本業があるために民泊事業に時間を費やせず、その代行業者へ支払い費用が負担となってくるケースが多いようです。

そこへ来て今回の180日間の営業日制限の新法施行。この営業日数制限は投資家たちに撤退を余儀なくさせる一番の要因となりました。

民泊の他にも新しいタイプの投資として、『太陽光発電投資』があります。メリットとして、①利回りが高い、②固定価格買取制度がありリスクが低い、③節税対策になる、の3つが考えられます。太陽光発電の買取価格は20年にわたって国が固定価格を保証しています。また、投資したものの入居者がいなければ収益にならない不動産投資に比べて太陽光発電投資なら、買った段階で売電収入が入る為リスクが低いと考えて参入するのです。

しかし、こうした新しいスタイルの投資をした方がいいかと相談された際には、基本的にはお勧めしませんとお伝えしています。その理由は、「これからの投資はこれだ」と一時的にブームになって投資家が参入するタイプのものは、民泊投資では「新法設立」や「制度の改定」、太陽光発電投資では「買取価格の低下」などによって、新たな制度や状況の変化についていけず撤退し負債を抱え最後には破綻するというケースがあるからです。

勢いに乗って始めた投資にはトラブルが多いのも事実です。そうしたトラブル、困りごとが起こった際には、まず契約書類の内容を確認することです。次に、発生しているトラブルはどんなものか、自分の要望も整理して相手と冷静に話し合うこと。この際には双方に認識のずれが生じないように、話し合った内容など書面にしておくことが重要です。問題に関する法律などを調べたり、自分から関わるようにしましょう。

当事者間で話し合うことに不安がある場合、または話し合ってみたが解決にいたらない場合もあるでしょう。そうした際の相談先を見つけておくことも投資の際にしておくべき事柄です。

相談先としては、

①取引を行った不動産会社の営業所の店長など責任者、または相談窓口
②司法書士、弁護士、税理士などの専門家
③各都道府県庁の相談窓口
④国土交通省各地法整備局

がありますので、参考にしてください。

◆参考

インバウンド訪日外国人動向
https://www.tourism.jp/tourism-database/stats/inbound/

民泊新法図
https://www.rakumachi.jp/news/column/221754

38 タワーマンションを買うとなぜ節税になるのか

◉「高層階」と「低層階」の市場価格と評価額の違いを狙った節税手法

タワーマンションを相続時の節税対策として買う人が増えています。

なぜ、タワーマンションが相続の節税となるのでしょうか。

相続が発生する場合、資産を譲る人の相続税評価額が高いほど相続税がかかり、低ければその分相続税も低くなります。

現金はそのまま相続税評価額となります。

しかし、同じ3億でも「現金」を「不動産」に変えることで、相続税評価額が下がり、相続税を抑えることができるようないわゆる「節税」と呼ばれるしくみがいくつか存在します。

マンションにおいて「土地」とはマンションの敷地面積を戸数で割った分が持ち分となりますので、マンションの階数、部屋数が多いタワーマンションは1戸あたりの土地の持ち分が少なくなり総評価は低く抑えられることになります。評価が低くなる分相続税も低くなるわけです。

マンションの実際の販売時には土地面積が同じでも、その市場価格は階や部屋の向きによって変わってきますよね。当然、「低層階」よりも「高層階」のほうが、「北向き」よりも「南向き」の方が市場の価格が高くなります。「建物」としての価値が違うのです。

例えば、45階の部屋Aの分譲価格が1億円、4階の部屋Bの分譲価格が6000万円、この物件Aと物件Bは購入時にはこれだけの価格差があっても、面積も築年数も同じなため、相続時の評価では同じ評価額となります。

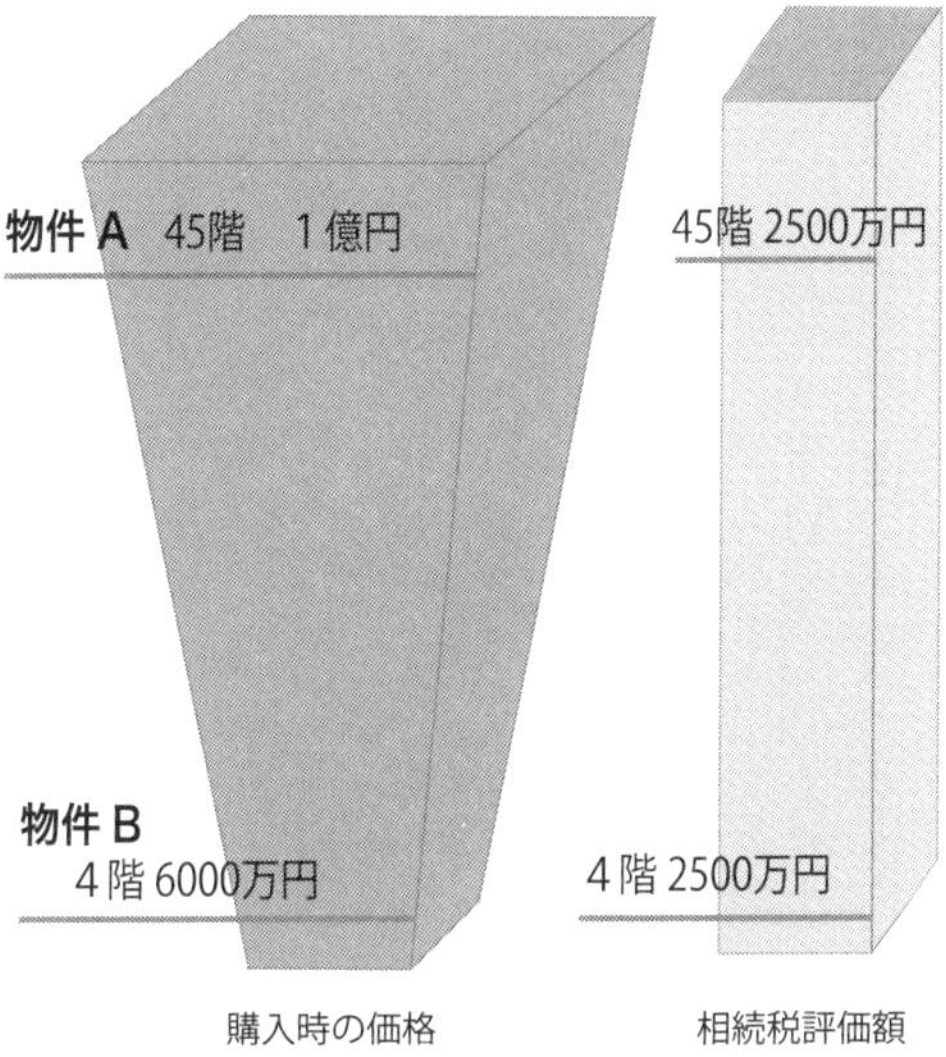

1億円の部屋と6000万円の部屋
床面積が同じなら相続税評価額は同じなので
高層階のタワーマンションを持つことで、より節税になる

物件Bの相続税評価額が2500万円とすると、物件Aも同様に2500万円の評価額なのです。

現金1億を持ったままでは資産は1億として相続税がかかるところ、不動産を購入することで資産は2500万円にまで抑えることができ、相続税は2500万円に対してかかることになります。

高層階ほど市場価格は高いの

に相続税は低層階と同じ相続評価額という特性を生かした相続税の圧縮。タワマンは高層階を買った方がお得だとして富裕層の間でのタワマン節税が流行る理由はここにありました。

もちろん、行政もそのような富裕層にのみ優遇されるような状態にはできないため、高層部分には比例して固定資産の評価額を上げるように追っかけで改正をしていますが、当然に引き渡しが住んでいるマンションに対してはそのようなことはできないためこれから引き渡しがされるものに限定されます。

また、過度な相続税対策として相続時の直前にタワーマンションを購入してすぐに売却して現金化するようなケースには当然に目を光らせているようです。

◆参考

タワーマンションで相続税の節税をする際の仕組みと注意すべきこと

https://souzokuzei-pro.com/columns/159/

39 日本の不動産透明度ランキングは高い？

◉売主と買主の双方から依頼を受けるのは世界からみると非常識か

アメリカの総合不動産サービス会社のＪＬＬは2年に1度、世界の不動産取引の透明度について、ランキングを発表しています。各市場の透明度を独自に数値化した調査レポート２０１８年度版が発表されました。

２０１８年で第10版となる透明度ランキング。「２０１８年版では、世界１００ヵ国、１５８都市を調査対象」として行われました。今回は評価項目に「サステナビリティ（省エネ対策等の持続可能社会への貢献度）」が加わったことで、以前より日本が積極的に環境不動産に対し取り組みを見せていた部分が評価され、前回の２０１６年度のランキング19位から順位を上げて14位となりました。

６つの分野ごとにランキング付けされたものを統合した最終評価が14位です。

６つの各分野におけるランキングは、

「パフォーマンス測定」５位

「サステナビリティ」（持続可能社会への貢献度）３位

「規制と法制度」18位
「市場ファンダメンタルズ」20位圏外
「上場法人のガバナンス」20位圏外
「取引プロセス」20位圏外

日本が高く評価されている「パフォーマンス測定」はホスピタリティの要素が、「サステナビリティ」は環境やエネルギーにおいてどれだけ取り組んでいるかの評価基準でした。日本が得意としているおもてなし・ホスピタリティの高さは不動産の世界でも認められていること、そして早くからビルの省エネシステムや緑化などを推進してきた日本の不動産業界の取り組みが評価されていることが示されました。

しかしながら、他の4つの項目ではほぼ20位圏外。これは市場の状態の評価が低いなどという根本的問題を抱えたままであることを示しています。

日本の不動産業界には本書に書いてきたような伝統的な悪習が根深く存在しています。売主・買主の双方から仲介手数料が欲しいがための「囲い込み」は不動産透明度を下げている要因と考えられます。

「囲い込み」までして欲しい「両手」取引。1人の不動産仲介業者が売主と買主の双方の間に入り契約をまとめる「双方代理」に等しい状態は、売主と買主の「利益相反」になりかねない事態です。例えば、お互いの「利益」「利害」を追求しあう法廷などでは、1人の弁護士が被告と原告の双方の代理人になることは考えにくいですよね。

代理人とは本人のために本人に成り代わり尽力するべき存在で、それを双方の立場になって行うにはどうしても矛盾が生じてしまうからなのです。

不動産の売買契約においては、その媒介行為は、代理行為ではないとみなされているため、売主・買主双方から同一人が媒介の依頼を受けても「双方代理」とはならないのですが、双方に対して同等に誠実でいることが非常に難しいのは事実でしょう。

ここまで「両手」を求めるそもそもの原因には不動産業界の方が抱える「仲介手数料」の報酬形態が労働に見合っていないということがあると考えられます。

宅地建物取引業者が宅地または建物の売買等に関して受け取ることのできる報酬額、すなわち「仲介手数料」の規定がされたのは昭和45年（1970）10月23日。当時の建設省によって告示されました。

わずかに改正されながらも、おおもとの報酬計算は昭和45年に告示がなされたときのまま。当時は消費税もない時代でした。世の中は目まぐるしいスピードで変化し続けているというのに、不動産の世界では48年前の規定がそのまま施行されていることに不自然さを感じずにはいられません。

しかし、ついに2018年の1月1日、おおよそ半世紀に及んだ仲介手数料の料率が改正されたのです。

仲介手数料は取り扱う物件価格によりその計算式が定められており、速算式では売買価格200万円超400万円以下の場合は4％＋2万円の仲介手数料計算式です。例えば300万円の物件取引きですと手数料は14万円。売買価格400万円超になると計算式が3％＋6万円へ変わり、500万円の物件取り引きでは手数料が21万円です。

そうした内容が、今回の改正で「物件売買価格が400万円以下の場合、売主から最大18万円受け取ることができる」ことへ変更されました。長きに渡る不動産業界の冷遇を見かねてのテコ入れと思いきや、空き家対策に頭を抱える国土交通省がその流通活性を目的として打ち立てた対策の一環としての改訂でした。

遠方にある空き家は交通費がかさみ時間も調査費用もかかるにもかかわらず、物件価格が低いため報酬が見合いません。空き家物件の取り扱いを負担だと感じる仲介業者が多く、空き家不動産取引自体が避けられる傾向にあるのです。

そこで低価格の物件の手数料を上げることで、動いてくれる不動産屋を増やし、空き家問題への打開策としたいというのが改訂の狙いです。

双方代理の図

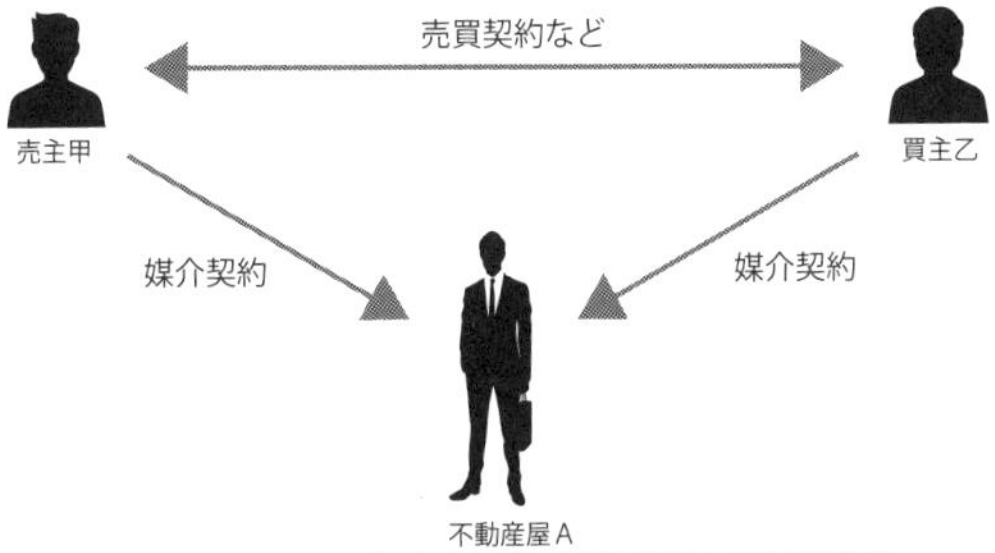

不動産業界では双方代理とな見なされないけど…
不動産屋Ａは本当にどちらにも肩入れしないでできる?!

仲介手数料　改正

改正前
４００万円以下の物件の場合 ４%+２万円　の手数料なので

３００万円の物件だと　　　３００×0.04＋２＝ １４万円

改正後
４００万円以下の物件の場合でも 最大１８万円もらうことができる

これで空き家対策になるのか？

しかしながら、私見を述べるなら「あまり効果がない」改正と言えます。この程度では不動産屋は動くことは残念ながらほとんどないといえます。この改正で不動産業界は良い方向に活性化するのでしょうか。地方の空き家案件は安すぎると言われていた成功報酬が大幅に変わったと印象付けられるのでしょうか。不動産業界のモチベーションアップに繋がる策となるのか、その効果は疑問視されている現状です。

約50年間もの間、不動産仲介手数料は大きく改善されることがなく、結果「両手」欲しさに「囲い込み」など悪習と言われる風習がある不動産業界。

空き家を扱う際に限らず、仲介手数料そのものが見直されない限り、不動産業界の活性化は期待できないでしょうし、不透明といわれる日本の不動産業界は大きく変わらないと思います。

よく不動産仲介は簡単に儲かるように言われることが多いのですが、不動産屋の数が多いため、仲介だけで安定して収益を上げることは困難になりつつあります。

もし、少ない労力で収益があげられるとしたらわざわざ「詐欺」のようなことまでして利益を得ようとは考えないはずなのです。

その点、一般的に不動産屋の「手数料のしくみ」は誰でも知っていることなので他の商売の利益構造を知らないことに比べて「批判がしやすい」ことがあると思います。

透明度ランキングの順位を他の先進国と並べるようにしていくには、本書で書いてきたような不動産業界の実態を一つひとつ見直されていくことと、その根底にある不動産にまつわる法律の見直しや抜本的な改革が必要不可欠だと思います。

40

高く売れるからと「競争入札」にしたい意図

◉正月の福袋的な売り方では安くなってしまうことも少なくない

入札とは売買において、一定の条件の下に「一番高額な金額」を申し出た者と契約するというルールに応じて、その金額と条件を提示（入札）するものになります。

入札方式にすると「競争」することになるため、高く売りたい場合にはよい方法のように思えます。

しかしながら、入札の「条件」によっては意外にもその金額は高くならないことがあります。

では、その条件とはどのようなものなのでしょうか。

それは、「瑕疵担保免責」「確定測量なし」「現況引き渡し」と言ったものになります。

これらがどのようなものかを説明します。

「瑕疵担保免責」とは、その物件に「雨漏り」「シロアリ害」「土壌汚染」があったとしても売主側が知らなかったことについては責任を負わないこと。

「確定測量なし」とは、測量を行わず隣地との境界については、明確な位置を特定しないで売却しますということ。

「現況引き渡し」とは、例えば「古い建物」があった場合でも現在の状況のままの売却としますということ。


もし、皆さんがこれらの条件を買う側として提示されたときには、どのような心理状態になるでしょうか。

おそらくは、「怖い」「不安」などのネガティブな心理が浮かぶと思います。

このような「お正月の福袋」(中身がはっきりとわからない)状態で購入するときには「高い金額をだせるか?」という問題が生じます。

お正月の福袋は中に入っているものは販売価格より「高額な商品」が入っていることが分かっていることや金額的に許容できる範囲の額のため、いわゆる「はずれ」だったとしてもあまり気にする人がいないのです。

しかし、瑕疵担保免責で購入した土地の場合「隣地の配管が埋設されていた」、確定測量なしで購入した土地で「隣地所有者が境界の立ち合いに応じてくれない」、現況引き渡しで購入した建物内に「撤去するのに困難な残置物があった」などの問題が生じても「文句がいえない」買い方になります。

そのようなリスクがあると考えられる場合には当然に「安く」購入しないと損をすることになりかねないのです。

いわゆる裁判所が行う入札である「競売」はお得な買い方ができると最近では不動産に関する知識が少ない一般の方でも参加するケースが増えています。

競売は市場価格の70％程度で落札できることがあるため「お得感」が高いわけです。しかし、そのお得感の裏には、「購入後に問題が発生しても誰も責任を取ってくれない」というリスクが伴っているのです。ですから民間の不動産屋が「入札」にする場合には事前に入念に調査して問題点を明確にしておくことができれば「高く」売却することもできたかもしれないのです。

このような入念な調査作業をしないで福袋的な売り方をして売主さんが高く売れたかもしれない不動産を安く売却しているケースが増えています。

41

公平なはずの入札でも「不正行為」をする不動産屋

◉「ラストルック」というカンニングのような悪習慣が未だに残っている

「ラストルック」とは、その物件をどうしても買いたい希望者がいる場合に、入札後にこっそりと最高額を開示して、それより高い金額の札をあとから入れさせて、その希望者に落札させる「不正行為」のことを指します。

当然、裁判所が行う競売では無理なことですが、民間主導の入札の場合には起こりえる話になります。

なぜ、そのような悪習慣が存在するのかというと、どうしても入札は労力のわりに入手できる確率が低くなることが要因にあります。

物件の調査をして金融機関から資金の調達の準備をしてとなるとそれなりに時間がかかりますから、それならば、「入札の担当者に多少リベートを渡してでも最高額を開示してもらい、それに多少の金額を乗せて落札するほうが効率がよい」と考えているのです。なんとも不動産屋さんらしい発想です。

例えば民間の不動産屋が行う入札形式の売却において、最高入札額が1億円だったとします。

売却の担当者は事前にこの物件をどうしても買いたいと言っていた次順位の購入希望者に1億円の最高入札額があることを知らせ、「もし1・1億を提示していただけるならあなたに売りますよ」と最高価格から上乗せされた金額の提示が行われます。

この購入希望者はどうしても買いたいと思っていましたから、提案に応じてその金額を提示しなおして購入の運びとなるわけです。

しかしながら、情報を流す側も1円でも高く売りたい場合には、購入希望者も一人ではなく複数に対して「あなたにだけ特別にお伝えするのですが」という言葉で値を釣り上げていくこともあります。

そのため確実に手に入れたい購入希望者は1・1億円と提示された金額のさらに上を提案して、物件を自分のものにするようなこともあります。

こうなってしまうと、もはや入札は形だけ、公正なはずの入札は本来の入札の意味を失っているものと思われます。

42

「競売」で素人が太刀打ちできない理由

◉不動産屋でも失敗することもある競売で素人が勝てるわけがない

私も自分の会社で競売に入札した場合やお客様から頼まれて裁判所にて行われる競売に参加することがありますが、率直なところ競売は労力のわりに「不確定要素」が多すぎるため、あまり好きな部類の仕事ではありません。

前項でもお話ししましたように物件の取得のため現地に何度も足を運び、それと同時に金融機関に対しては「もし落札できたときには融資をすぐにお願いするから準備をしておいて」と言っておきながら、最高入札額に1円でも届かなければ落札できず、その努力も水の泡になるからです。

また、購入できたとしても現在の落札額の多くは一昔前のような「お得感あふれる物件」ばかりではなくなり儲かったとしても「薄利」「場合によっては赤字」になるような額にまで上がってきているのです。

不動産の経験値が高い者でさえ苦労をする「競売」に素人が参加して果たして太刀打ちできるものかといえば、かなり苦しむか自分が買った物件に問題があるために売却することすらできないようなこともあります。

競売物件には「瑕疵担保責任」がないため、取得後に雨漏りしていようがシロアリの被害があろうが文句を言う相手がいない状態になります。裁判所側が事前に中を見ることも売主のコメントもらうこともありますが、実質そのような「賭け」に近いようなことを行わないといけないのです。

中を占有する者への退去交渉はしやすくなったとは言え簡単なことではないことはご理解いただけるかと思います。

また、入札までしても「取下げ」といって裁判所が競売をやめてしまうことがあります。これは、債権者が競売の申し立てをしていたとしても手続き中に任意売却（競売にかかる前に債権者の同意を得て売買すること）にて相応の額にて売却できる場合には「競売の申し立てを取り下げること」も結構な数あるのです。

そんなに頻繁に行われないのではと思われるかもしれませんが、意外にも多いものなのです。その理由としては売主である債務者があまり売却に協力的でない場合に交渉材料として「強制力のある競売」を使い債務者を交渉のテーブルに乗せます。

あとは高く売ることができる任意売却を優先して行うことができれば手続きの手間や費用などはそんなに高くないと考えているのです。そのため、あくまでも債務者との「交渉の材料でしかない競売」に一生懸命に調査をして入札してもその努力は水の泡になることが多いのです。

◆参考
「初心者が手を出してはいけない理由」
https://incomlab.jp/auction-article-way-of-buying-3096

43 「申込金」が返ってこないトラブルの真相

◉「申込金」と「手付金」を同じように考えていると落し穴にはまる

申込金とは、「他に申し込みがあっても優先してもらう」など良い部屋が見つかり申込み手続きをする際に、不動産屋などに支払うお金のことです。

その金額は不動産屋などによって異なります。

申込金ではなく「内金」「予約金」などと名目が変わっても、すべて同じお金のことを指します。

たとえ申込金を支払っても、それは貸主もしくは不動産屋に預けているだけのお金ですので、契約が成立しない場合は返金されるべきものです。

しかしながら、申し込みを撤回しても返されないなどのトラブルに発展するケースが多くなっています。

これらの返金を拒むことは不動産取引に関する法律で禁止されています。

また、東京都などの自治体では、賃貸の契約に際して不動産屋に申込金を受け取ってはならないと指導しています。安易に申込金を預けないようにし、特に、家賃の1ヶ月分を超えるような額を請求してくるような不動産屋には注意しましょう。

申込金や預り金は請求されないことが一般的になってきていますが、「申込金」という名目でなかったとしても申込意思確認の目的でお金を預けた場合、そのお金は預かり金とみなされます。

キャンセルなどで成約に至らなければ返還されるものですが、もし不動産屋から、「手付金だから返せない」と説明され返金を拒まれた場合は、後段の内容を踏まえて自治体の窓口などに相談しましょう。

注意すべきは、返金してもらえるはずの「申込金・預り金」として支払ったお金が契約成立を意味する「手付金」にあてられてしまうケースです。

「手付金」とは契約を交わす際に代金の一部を支払うお金のことを指すことがあり、優先的に審査してもらうための「申込金・預り金」とは異なるのです。

ですから、この「手付金」の持つ意味を知り、「手付金」を支払うことは契約することと同じなんだという認識のもと不動産屋と取引していただきたいと思います。

しかし契約において、不動産屋は契約締結の前に「重要事項説明」を行うことが義務付けられていますので、もし重要事項の説明を受けていなければ契約は締結されたとはみなされません。

その場合、「手付金」として支払っていたお金も「預かり金」として扱われるため返金が可能になります。

きちんと重要事項説明を受けた後に、入居希望の意思表示として申込金を支払い、それを受けた貸主が入居を承諾したという場合は、貸主と借主の双方の意思が一致したとして契約成立とみなされ、払った申込金は手付金と同様の意味を持つ可能性があります。

この場合は、後からもっといい物件が見つかったのでキャンセルして返金もお願いしますといっても、何もなかったことにはできないと考えなければなりません。

預り金・申込金を支払う場合には、申込金がそのまま手付金となってしまうのか事前に契約書を確認しましょう。

返金できない手付金となる場合には不動産屋がその旨を預り証や重要事項説明書に記載すべきです。

借主は書類をよく読んで、預り金の行方の記載がない場合はきちんと確認し載せてもらいましょう。後々、「言った、言わない」のトラブルを避ける点でこれもまた重要になってきます。

支払うお金がどのような位置づけで事前に渡すものなのか、借主側が自分のお金の行方にも意識を向けて問うことも大切なのですね。よくわからないからと、不動産屋に任せきりにせず、どうぞご自身も飛び込んで知っていってもらえたらと思います。

◆参考
「大阪府/お金を払った後にキャンセルしたいが、お金は返金される?」
http://www.pref.osaka.lg.jp/kenshin/chotto_chintai/chui.html#47
SINGLE HACK
https://cbchintai.com/singlehack/4726/

44 地方の実家の空き家は今すぐ手離すべきか

◉地方の不動産は資産どころか、もはや「負動産」になる可能性も大いにある

今、人口の減少にともない空き家の増加が問題になっています。空き家は放置されると急激に腐朽・破損が進んでしまいます。植栽などは伸び放題となり景観を損なうこと、不法侵入者や粗大ごみの不法投棄を招く可能性も高まり、空き家も定期的な管理のもと保持されなければ地域住民の方の懸念材料となり得ます。

劣化や破損、腐朽したまま放置された空き家問題を解決するため、平成26年（2014年）に「空家対策の推進に関する特別措置法」が制定されました。

土地には住宅が建っていることで税金が安くなる制度が適用されるため、固定資産税は安くなっています。しかし、「特定空家」に指定されるとその制度が適用されなくなり、固定資産税は数倍上がります。ただし、年内に改善を行い認められれば引き続きこの制度は適用されます。

こうした「特別措置法」にて空き家を放置せずに有効利用、地域活性を促したいという目的も大いに含まれていましたが、施行されて数年経った今、増え続ける空き家に対して十分な効力を発揮できていないのが各市町村での現状のようです。

住む予定のない家を所有し続けて「空き家」とし放置するのは固定資産税ばかりがかさんでいきます。おまけに管理しなければその税率を上げられてしまいますので、なんのメリットもありません。

居住家屋が空き家となるのは「相続時」が最多だそうで、国税庁は平成28年（2016）税制上の措置として、「相続人が、相続により生じた古い空き家又は当該空き家の除却後の敷地を平成28年4月1日から平成31年12月31日までの間に譲渡した場合、譲渡所得から3000万円を特別控除する」という税制改正を行い、空き家の売却が上手く進むよう促しました。

（参考：国土交通省　http://www.mlit.go.jp/common/001126397.pdf）

結局、この税改正を利用したのは都市部の空き家所有者が多く、空き家が売れるのはその立地が便利な都市部であることや、居住ニーズがそもそも大きいことが必要条件のようです。たとえ空き家になったとしてもそれが都市部の場合、家賃・売値を下げさえすれば、賃貸で人は入りますし売れていくのです。

これは都市部には地方から人が流入し続けているためであり、この都市部への人の流れもまた地方に空き家を増やしている一因です。

移住が流行っていたとしても、実際に地方の空き家を買い求める人は空き家の総数からすると非常に少なく、空き家となった家がそのまま放置されていく傾向に歯止めがかかりません。

地方自治体は定住者を増やして町を元気にしたいと考え、空き家を有効活用しようとしています。例えば「空き家バンク」というのをご存知でしょうか。空き家を所有している人が空き家バンクに登録して、買い手が出てくるのを待つという仕組みです。

しかし空き家が、すべて所有すべき資産価値があるかという考えは変えないとならないかもしれません。

新築物件はまだまだ供給が多くあります。新築物件に総量規制を設けずに新築物件を供給し続けてしまったことも空き家を増やした大きな原因です。

地方空き家の資産としての価値は低く、以前、地方の空き家の戸建てを希望家賃7万円のところを5万円に下げても借り手が見つからない、どうしたものかとご相談を受けました。

私は家賃を1~3万円にまで下げてチラシを出し、「借りたい」と手をあげてくれる人に「贈与」してみたらいかがでしょうかとアドバイスさせていただきました。地元の不動産屋に引き取ってもらうのもよいかもしれません。

固定資産税と管理費だけで年間10万円ほどかかっていたため、利益を出そうと考えるよりも手離すことを勧めたわけです。

持っているだけ費用がかかり負債となる面の大きい地方の空き家、今手離しておくことを考えておく時期にきているのではないかと思います。

現状では人口の増えない日本。このまま少子化が進めば、日本の人口増加には外国人の居住者を増やしていくしか方法がありませんが、島国のほぼ単一民族国家の日本ではそれもまた受け入れがたいことでしょう。

平成25年総務省の調査によると、空き家は全国で８２０万件。そのうち。二次利用（別荘など）や、新築（建築中）、借手・買手待ちのものを抜かして完全なる空き家の件数は３１８万件。増加の一途をたどっています。

◆参考

総務省　報道資料

http://www.soumu.go.jp/main_content/000509435.pdf

野村総合研究所

https://www.nri.com/jp/news/2017/170620_3.aspx

http://onew-web.net/7085.html

45

なぜ都市部では中古が高く売れるのか

◉オリンピックが中古マンションを高騰させる要因になった理由

地方の空き家を所有しているのであれば格安になっても手離した方が良いとお話ししました。

しかし今、都市部の中古住宅、特にマンションは高く売れているのです。

景気が上がり、地価が上がっている今、中古なのに昔よりも高い値段がつくということが起こっているのです。

要素としてはいくつかありますが、東京オリンピックの影響を受けて、新築を建てる「人件費」や「材料費」等のコストが高くなったこと、オリンピック需要を期待したホテル業者とマンションデベロッパーの土地購入競争が激しいため、当然に土地価格は高騰し新築マンションの販売価格に反映されています。

また、景気は上向きながらも低金利のため購入したい需要は旺盛になっています。

しかしながら実際に新築マンションを購入するには「高いのではないか?」と感じる値段まで高騰しているため、新築を購入できない人たちが多くいます。

その方々が中古マンションを買い求めているため中古マンションの価格も新築マンショ

ンにつられるように値段が上がっているのです。

都内の一部の地域では、中古マンションが新築時に売り出された価格よりも高く売れる現象まで起きているほどなのです。

さらには、東京二三区の都市部では規制によりワンルームマンションのみの物件が新たに建てられなくなってきているため、好立地のワンルーム物件は希少性が出てきており、中古でも高価格を維持しています。このへんに目ざとい不動産投資家が目を向けつつあるようです。

規制により供給戸数が減れば自ずと価格は上がるため、将来の売却を視野に入れた取得に拍車がかかっている状態です。

ワンルームのみの建物が建てられなくなった理由には、地方から来る単身者が増加しても住民票を移さないため、税収が増えないこと。騒音、ゴミ出しのマナーを守らないことなどから、近隣住民とのトラブルに発展しているなどの問題が目立つようになったためです。

あとがき

この原稿を書いている時点でも「昔、原野商法で騙された人がまた騙されること」や「無謀な返済計画でマンション経営に失敗した投資家」からの相談が絶えない状況にあります。

そのようなことを行う悪質な不動産屋が減らないどころか、たびたび発生する不動産がらみの詐欺のような問題。

多くのまともな不動産屋が「お客様に喜ばれる仕事」をしたいと思っているにもかかわらず、そのような「悪質な不動産屋」がいるおかげでお客様が不動産業界全体にネガティブなイメージを持ってしまっていることが多く、仕事がしにくくなりつつあります。

私自身もお客様から信用をしてもらうことに時間がかかるようになりました。

このような不動産に関する「風土」を変えるためには、「不動産屋」や消費者である「お客様」の意識を変えることが大切です。

この本がお客様の意識が変わるための一助になるものであればと切に思います。

不動産業界の風土を変えることについては、やはり「不動産に絡む法律の整備」が急務になるかと思います。

「仲介手数料の問題」「不動産屋への免許への交付要件」についてはもちろんのこと、「住宅供給戸数の総量規制」や「投資不動産に対する融資額の総量規制」についても行政が適正に管理することも考えないとならない時期かもしれません。

手数料が仕事量に対して少ないのであれば、法律で定めた一律の金額ではなく「その案件にあった適正な報酬体系」にすることが必要です。

不動産屋は物件を右から左に仲介しただけで高い手数料をふんだくるイメージを持っている方が実際にいらっしゃいます。

しかしながら、物件の額の大小ではなく、「共有者の数」「占有状態の有無」「境界確定の有無」で手続きが簡単な取引に対して数倍の手間がかかることも多くあるのです。

そういったことが水面下であることを知らない方がひとくくりに「不動産屋の手数料は高い」と考えてしまうのです。

このような「物件価格」だけではなく「作業手間」についての手数料も考慮する規定も多少は考えるべきかと思います（一部改正はしていますがまだまだ追いついていない状態です）。

現在では「高額な物件」ばかりに不動産屋が集中してしまい、地方の不動産をプロに手掛けてもらわなければならないとしても、その案件には悲しいことに誰も見向きもしない状況なのです。

そして、若い世代の方々に、不動産屋の存在が衣食住の人間の根幹をなす大切な仕事であることを誇りに思い、この職に就いてもらいたいと思います。

優秀な人材が集まれば、業界の風土や意識も高まり、お客様に喜ばれる取引ができるようになると思います。

斎藤 智明（さいとう・ともあき）
実父の不動産に関する相続・投資での失敗を目の当たりにした際、自分が何もできなかったことを機に、不動産のことで困っている人のための「駆け込み寺」になりたいと思い不動産業に従事する。宅建試験の講師も勤めている。
著書に『誰も教えてくれない「不動産屋」の始め方・儲け方』（弊社刊　著者名：齋藤孝雄）、『不動産屋が儲かる本当の理由としくみ』（弊社刊）、『サザエさんの「花沢不動産」はなぜ潰れないのか？』（宝島社）などがある。
◎連絡先：株式会社プリモ
http://primo-egao.com
saito@primo-egao.com

～絶対に知られたくない！～
不動産屋《ふどうさんや》の儲《もう》けの出《だ》し方《かた》

2019年 1月18日　初版発行

著者　斎藤智明
発行者　常塚嘉明
発行所　株式会社 ぱる出版

〒160-0011　東京都新宿区若葉1-9-16
03(3353)2835 — 代表　03(3353)2826 — FAX
03(3353)3679 — 編集
振替　東京 00100-3-131586
印刷・製本　中央精版印刷(株)

ISBN978-4-8272-1159-7 C0034